Para Lima
con mi afecto
y consideración

Miami 13 de enero 2012

"Recordando a
Virgilio Piñera"

Orlando Morelli

Algo está pasando
Edición bilingüe

ROLANDO D. H. MORELLI

A Bilingual Edition
Something's Brewing

Primera edición español – inglés
First English – Spanish Edition
2006
© De la presente edición el autor
ISBN 0-9771987-2-3
Diseño de portada: Dr. Iván Drufovka Restrepo y
Rolando Morelli, a partir de una fotografía de André Kertész
(1894 – 1985), de la serie "Distorsiones"

Ediciones *La gota de agua*
Philadelphia, Pa. (U.S.A.)
e-mail: *info@edicioneslagotadeagua.com*

(Traductor / Translator)
Kurt O. Findeisen

Para Miriam Acevedo, por tanto *como pasa*. Y sobre todo, *por no dejar pasar*. A su cubanía intacta. A su leyenda y a su arte.

A mis compañeros de generación. En especial a María Elena Cruz Varela.

Para Alicia Aldaya, colega y amiga que leyó y comentó estos cuentos, me estimuló a publicarlos y llegó a escribir un prólogo a la primera edición de los mismos.

Y para Lourdes Boán, por su amistad, su inteligencia, su dulzura, generosidad y cariño.

To Miriam Acevedo, for her unwavering Cuban sensibility. To her legend and her artistry.

To my generation of Cubans who grew up on the Island. Especially to María Elena Cruz Varela, poet and rebel.

To Alicia Aldaya, my friend and colleague at the University of New Orleans, who read these stories, encouraged me to publish them and wrote the prologue to introduce the first edition.

And to Lourdes Boán, for her friendship, her intelligence, her generosity and affection.

Prefacio

La serie de relatos aquí reunidos bajo el título **Algo está pasando** fue publicada inicialmente en 1992 a instancias de varios amigos que ya entonces empezaban a quererme, y entre quienes debo mencionar en primer lugar a la prologuista de aquella edición, la doctora Alicia Aldaya, acuciosa investigadora literaria, quien era por entonces mi colega en la Universidad de Nueva Orleáns, y a los doctores Yara González Montes y Matías Montes Huidobro, quienes desde la Universidad de Hawai sostenían el sello editorial *Persona*, concebido preferentemente para obras de teatro, pero que franqueó las puertas a la publicación de mis cuentos.

Pensados en Cuba casi todos ellos, (algunos en su versión primera llegaron a escribirse en la isla, y alcanzaron incluso a recibir algún premio o distinción oficial, aunque sin llegar a publicarse)[1] los mismos constituyen un saldo y suma de mi obra hecha hasta ese momento. A mi salida del país en 1980, en medio de las

---

[1] La convocatoria oficial de concursos, encuentros-debates y otros por el estilo dirigida a los jóvenes escritores que aspiraban a darse a conocer por este medio —único existente— servía asimismo al propósito de decantar y disuadir (ideológica o políticamente hablando) a quienes sin asumir una actitud que pudiera ser considerada contestataria no correspondieran (al margen de la calidad artística de lo escrito) a las exigencias del *Comité de Orientación Revolucionaria* del Partido. Una *mención especial*, una *distinción* de cualquier índole, no comportaba la promesa de publicar la obra así premiada y servía a la vez que de estímulo a medias, de aviso al autor para que enmendara sus modos, y abrazara sin cortapisas la política cultural de la Revolución.

condiciones particularmente violentas y políticamente caóticas imperantes, toda mi obra hecha (casi toda ella sin publicar) quedó abandonada. De entre la misma, creí salvar muchos de los manuscritos que en esencia constituyen este volumen, formando con ellos un atado, bien envuelto y protegido con bolsas de plástico, que al amparo de la madrugada enterré junto a un árbol del patio de mi casa. El resto de esa producción fue de inmediato entregada a un expolio múltiple, en cuánto la noticia de mi salida del país fue divulgada. Luego de una requisa minuciosa de parte de la policía, que alcanzaba a mis libros, pero que estaba dirigida de preferencia a apropiarse de todos mis papeles y archivos —cartas personales y fotografías incluidas— quedaban en posesión de unos pocos amigos las copias de poemas, narraciones o ensayos que más tarde aquellos tratarían de hacerme llegar por diversas vías, y de las cuales apenas un manojo alcanzó su destino. Una de las cartas recibidas en su momento daba cuenta de la inclusión de un relato particularmente querido que nunca llegó a mí, y que debe haber sido extraído del sobre intencionalmente, pues éste llegó abierto. Casi dieciséis años después de mi partida, cuando me fue permitido volver de visita para ver a mi familia —gracias al aporte en divisas que el gobierno de Castro requería y del que estaba tan necesitado— el árbol junto al que había ocultado años antes, sepultándolos, algunos de mis manuscritos había desaparecido. Ni siquiera la huella del tronco que lo había sostenido quedaba por parte alguna. El patio entero que antes circundaba la casa, ahora parcelado en dos o tres para acoger otras tantas casitas apresuradas, era tierra arrasada. Con ayuda de uno de mis amigos conseguí al fin ubicar el sitio con el pretexto bien justificado de que se hacía necesario excavar una zanja por la cual correría una tubería subterránea que conduciría el agua del baño a una fosa séptica en construcción. Hallamos un amasijo que bien podría ser de papeles podridos —ilegibles e irrecuperables— a los que el envoltorio de plástico había conseguido apenas preservar en ese estado en el que los encontramos, y en aquel mismo lugar los dejamos estar mi amigo y yo, después de intercambiar miradas y un angustioso silencio.

Los textos que aquí se incluyen son en cierto modo el intento de salvar esos relatos perdidos, y de dar voces a las circunstancias y a las personas que los inspiraron en su momento. Naturalmente que ellos no esperaron quince años porque se produjera mi regreso a Cuba para re-constituirse (pues en realidad yo no podía saber si podría volver alguna vez a mi país ni siquiera de visita) sino que a partir del momento de mi salida —o mejor dicho, una vez alcanzada en el exterior cierta estabilidad en todos los órdenes de mi vida— esos relatos volvieron a mí con urgencia paralela a mi deseo e intención de olvidarlos. Para deshacerme de ellos de una vez, cedí al fin al apremio con que me acosaban para que los escribiera y publicara. De no haber cerrado, con la publicación de estos relatos en 1992, este capítulo de mi vida y de mi creación, acaso se hubieran frustrado otros capítulos que estaban llamados a seguirle.

Algunas recensiones aparecidas en su momento, en revistas y otras publicaciones especializadas, o los juicios expresados a través de cartas al autor por amigos y lectores —muchos de los cuales también eran críticos e investigadores literarios— fueron particularmente generosos con estos relatos, exaltando sus méritos y callando o minimizando sus fallas.

Muchos han insistido en *la necesidad* —según la expresión más socorrida por ellos en cartas o en encuentros— de que estos relatos vieran una nueva edición, y de ser posible, una edición bilingüe que permitiera igualmente al lector de lengua inglesa acercarse a los mismos. Ésta es —posiblemente—, esa edición que algunos me han reclamado a lo largo de los años. El título del volumen, y me parece que la lectura evidencia este hecho sobradamente, constituye ante todo un contrasentido, y una paradoja, ya que, en el contexto de los cuentos, se especula que algo pasa porque se espera, se desea o se teme que algo realmente pase. Se exorciza así lo desconocido o lo porvenir con una suposición, que debe ser ya una realización: algo está pasando, *tal vez*. Pero, ¿qué podría pasar en verdad —mucho menos "estar pasando"— cuando la vida no discurre por sus propias avenidas concurridas, raudas e impredecibles, sino cuando toda ella se estanca mediante esclusas (o empalizadas) expresamente erigidas, que están llamadas a podrirla desde la raíz para mejor domeñarla, privándola de su pujanza y libre albedrío? La silla de ruedas y la paralítica misma del relato que da nombre al libro, constituyen por antonomasia un motivo y un símbolo asociado a esta petrificación a que se somete la vida de los individuos en nombre de muchas otras cosas, y que hace de los personajes seres *atípicos*, es decir, atípicos de una sociedad cualquiera que no esté dominada por las hormas. Porque habría que insistir, ¿qué pueden esperar que pase, de verdadera trascendencia, significación o beneficio para ellos, los personajes de estas historias cuando la vida no pasa de ser un diseño caprichoso y arbitrario que se hace y se deshace en las manos de *Otro* —de *Otros*— y entre cuyas líneas cada uno está sujeto a deslizarse, y donde casi lo único que les queda por hacer, es enfrascarse en una especulación tan bizantina como interminable respecto a la sospecha de que, a lo mejor —o a lo peor— o en todo caso es posible que..., bueno, ¡tal vez!..., después de todo, *algo esté pasando*. Ésa angustia que por haber sido la que experimenté durante una parte formativa de mi vida —exactamente los años de la misma que comprenden entre los seis y los veintiséis— se refleja en estos relatos de manera insistente y crea la atmósfera enrarecida y sofocante que permea el volumen, y que muchos han señalado. Acaso todos los relatos que en él se recogen no constituyan más que un relato único, el de esa asfixia y el de esa angustia que da cohesión al libro.

Rolando Morelli

Preface

The group of short stories collected here under the title "Something's Brewing" was initially published in 1992 at the suggestion of a few determined friends, whose insistence seemed to parallel their affection. Foremost among these, I want to mention the prologuist of that edition, Doctor Alicia Aldaya, dedicated literary researcher, who was my colleague at The University of New Orleans at that time, and also Doctors Yara González Montes and Matías Montes Huidobro, who from The University of Hawaii operated "Persona" publishing house, an outlet principally for the publication of plays, but which opened its doors to my collection of short stories.

Almost all of these works were conceived in Cuba prior to my departure in 1980, and some had first versions written there, indeed it is fair to say that they constitute the balance and sum of my work written up to that point. (Some of the stories even received an award or official recognition, although none were ever published there[2]). Amid the particularly violent and

---

[2] The official convocation of literary competitions, meetings/debates and other such events directed toward young writers who relied on these as a way to make their names known (the only existing avenue) also served the purpose of decanting off or dissuading (ideologically and politically speaking) those young writers, who perhaps falling short of having an attitude considered unorthodox, were not considered as measuring up to (the artistic quality of the work not withstanding) the standards of The Committee of Revolutionary Orientation of the Party. Winning a place in the competition, or a distinction of any kind, did not insure the publication of the awarded work, rather served as both a sort of encouragement as well as warning to the author

politically chaotic conditions that prevailed in the country at the time of my leaving in 1980, the thought of taking any of my writing with me was preposterous, thus I was forced to leave it all behind. I thought of saving the core of it, which in essence makes up this volume, by forming it into a bundle wrapped tightly with plastic bags for protection, which I buried at the base of a tree in the yard of my home during the darkness of the middle of the night. The rest of my work was left to the mercy of manifold pillages. First the police, who after making a detailed inspection of my home that included searching through all of my books, proceeded with their real intention, which was to confiscate all my papers and personal archives, including letters and photographs, and next, to the mob, that plundered and vandalized my belongings as soon as the news of my leaving the country was divulged. The only copies of my work now remaining were those previously charged to the safekeeping of a few close friends in the hope that they would later somehow manage to get them to me. One letter that did arrive made note of the inclusion of a short story for which I held a particular fondness, however it never reached me, and must have been removed intentionally from the envelope, since the latter arrived already opened.

Just short of sixteen years after my departure, when I was permitted to return to see my family, since the Castro regime was sorely in need of the money I would be contributing to it just by traveling there, I returned to my parents home to find that the tree at whose base I had years previously hidden my manuscripts was gone. Not

---

to mend his/her ways and unconditionally embrace the cultural politics of the Revolution.

even the carcass of the trunk that supported it survived. The yard that previously circled the house was now parceled into two or three lots giving refuge to an equal number of houses crowded together and the land was completely barren. With a friend's help, I was finally able to locate the burial site. Our digging up the yard was well justified since it had become necessary to shovel out a trench for the drainage pipe running from the bathroom to a septic tank under construction. We came upon a doughy mass that could well have been made of rotting papers, illegible and beyond any hope of recovery; in such poor shape that the plastic wrapping seemed to have served no purpose, so my friend and I, after exchanging looks of disappointment and an anguished silence, left them right where we had found them.

The texts that are included here are an attempt, in a way, to save those lost stories, and to give voice to the people and circumstances that inspired them in their time. Needless to say, these tales did not wait the fifteen years it took me to return to Cuba to reappear, (actually I was not sure I would ever be able to return to my country, even for a visit.) But from the moment of my departure, or more accurately once I had reached a certain degree of stability in my life outside the country, those stories came back to me with an urgency that was matched only by my desire and intent to forget them. To extricate myself from them once and for all, I succumbed to their pestering urgency by writing them and then having them published at my friends' encouragement. If I had not closed this chapter of my creative life with the publication of these short stories in 1992, perhaps other chapters that were called to follow would have been frustrated.

A few reviews that appeared at the time, in journals and other specialty publications, praised these stories, as did friends and other readers, many of them literary critics and researchers, through their letters to me. They were overwhelmingly generous with this collection of short stories, exalting its merits and minimizing or keeping quiet about its faults.

Through the years since initial publication, many of these commentators have insisted in "the necessity," according to the expression they most favored in letters or meetings, that these stories see a new edition, and if possible, a bilingual one that would permit the English speaking reader equal access to them. This is, I hope, the very edition they have been asking of me.

Upon reading the stories, it should become quite evident that the volume's title makes no sense except as a paradox, since in the context of the stories, the mere expectation, desire or fear that some event might occur leads to the speculation that something has happened. In this way the unknown or the impending is exorcised with a supposition that should already be a realization: something is about to happen, *perhaps*. But what can really happen, much less "be happening," when life does not flow through its normal, crowded avenues, swiftly and unpredictably, but instead lies stagnate and putrefied between intentionally erected barriers created to better master it, and thereby depriving it of its original vigor and free will? The wheelchair and the character of the paralytic of the title story constitute an antonomastic motive and symbol of the stagnation that mars the lives of individuals, in the name of a myriad of things; a state of being that turns the characters into *atypical* entities, that is, atypical of any society that is not dominated by formulaic molds. What is the point in insisting, what can they hope might happen of any real transcendence or benefit to them, the characters of these stories, when life is no more than an arbitrary and capricious plan that is put together and taken apart by the hands of *Another* or *Others*? *Others*, who draw the lines which each person is forced to walk between (sneak one's way), so that practically the only thing left to do is become entangled in speculation as Byzantine as it is interminable about the impression that probably, for better or worse, in any event there is the possibility that... all right, maybe!... *something's brewing* after all. That anguish, which was the very same I experienced during the formative part of my life, the years between the ages six and twenty six, is reflected in these short stories in an insistent manner and creates the rarefied and suffocating atmosphere that permeates the volume. Perhaps all the stories collected here do not constitute more than a single tale, the story of that asphyxiation and anguish that gives cohesion to the book.

Rolando Morelli

Algo está pasando

—¡Dichosa tú...! —dijo Elvira que llegaba, agobiada por el peso de las bolsas—. Lo mejor que podía hacer una es encerrarse. ¡Un hoyo, para respirar de vez en cuando...! ¡Y dejar que el mundo se caiga a pedazos alrededor! ¡Total! —Hizo entonces como si se librara de un mal pensamiento, mientras conseguía cerrar la puerta con ayuda de su cuerpo—. ¡El día menos pensado...!

Sin detenerse pasó junto a la paralítica en dirección a la otra pieza. Dejó las bolsas sobre la mesa, y sujetándose a ella momentáneamente, suspiró aliviada.

—¡Si vieras la cola que he tenido que hacer! —Jadeando aún a causa del esfuerzo de acarrear las bolsas, dijo—: Y todo por unas cuantas papas, y un puñado de latas. El pan de hoy no había llegado todavía. Falta de harina, o de levadura. ¡Lo mismo da!

Apagada, llegaba hasta ellas la sordina habitual de este día gris, que ponía una distancia de por medio entre todas las cosas. Y más lejano aún, el ladrido fatigoso de un perro se escuchaba por sobre los demás. Iba y volvía con ellos, enfrascado en una disputa infinita, sin objeto aparente. A través de la puerta de cristales que conducía a un pequeño patio interior, Elvira se asomó al cielo.

—Estuve de suerte en llegar antes que el diluvio. Ahorita mismo están cayendo sapos y culebras. ¡Y Dios sabe qué más! Son ya dos semanas de lo mismo.

Con el barrunto de aguas, Elvira estuvo segura de hallar otros indicios, anuncios de cosas también inminentes, que no lograban concretarse. Desde esa orilla remota de las conjeturas, volvió su voz para decir:

—¡Están pasando cosas! ¡Ahora, vete a saber qué! Porque aquí siempre se espera que algo suceda. Otra vez han comenzado las recogidas. Anoche vinieron, y se llevaron a Tico: el muchacho de Clarita, la maestra. Y con él, se llevaron a Rodrigo, el hijo de Sara y Anacleto. (Esos dos, son como uña y carne). ¡Y también al hijo de

Gumersinda! ¡Y al de Naro Galíndez! ¡Y al de Clementina Ferro! ¡Y al menor de los Ordóñez! Y hasta al infeliz de Ricardito *diente frío*, el muchacho de los Aguirre, se lo llevaron. Y ve tú a saber a cuántos infelices más. Lo que te cuente, es poco. ¡No han dejado títere con cabeza! La calle es un desierto.

Mientras sacaba de las bolsas las compras, se interrumpió para fijarse en el desorden que reinaba en la habitación.

—¡Ave María Purísima! No sabe una donde poner nada en esta casa —dijo—. Aquí la única que se ocupa de ordenar soy yo. ¡Con Emilita no hay que contar! Ésa es más buena que el pan, pero a decir verdad, le da lo mismo que el tibor esté sobre la mesa como debajo de la cama. —De repente había comenzado a trasegar objetos de aquí para allá, como si cada uno tuviera de antemano asignado su sitio—. ¡Cada cosa a su lugar, y cada lugar para su cosa! —dijo ahora, aparentemente satisfecha—. ¡Es lo que yo digo! ¿Si no cómo íbamos a andar en esta casa? ¡Patas arriba, como anda el mundo! ¡De contra que el mejor día se nos viene encima..., y ya! Pues hasta que ese momento llegue, aquí estaré yo recogiendo cachivaches, y colocándolos donde deben estar. ¡Ésa es mi cruz! ¿Qué se le va a hacer? Alguien tenía que cargarla.

Los ojos de la paralítica la seguían en sus movimientos, y Elvira sintió esa mirada viva posada en ella. Una de las bolsas que había depositado sobre la mesa, estuvo a punto de caer al suelo, pero logró impedirlo.

—¡Adivina lo que te he traído aquí! —dijo, indicando la bolsa.

Los ojos parecieron alegrarse, incluso sonreírle —pensó Elvira, dejando los quehaceres un instante para sostener una de las manos de la mujer entre las suyas.

La estancia se iluminó de repente con un efecto de corto circuito producido por una sucesión de relámpagos.

—¡Para que se te haga agua la boca! —volvió a decir, volviendo a su trasiego después de persignarse. Sus manos dieron finalmente con el objeto que buscaban en el interior de la bolsa—. ¡Es compota de grosellas! ¡De las grosellas del patio! —dijo, mostrándole el pote con aire de triunfo—. Cada año se dan más pequeñas, y las de este año eran tan ácidas que no se podían comer. No me preguntes cómo, ni de dónde saqué el azúcar. Ya tú sabes lo que se dice: que una mano lava la otra, y las dos lavan la cara. Te la hice anoche, sabiendo lo que te gustan a ti los dulces, y me dije: *"Mañana, a primera hora, se la envías con Emilita. Verás que contenta se pone"*. Pero con el lío de anoche se me olvidó mandártela. ¡Todo empezó anoche, según parece! ¿O quién sabe? El asunto es que aquí está. ¡Aquí la tienes por fin, hija! Siempre hace falta algo dulce en la vida.

La mujer que ocupaba la silla de ruedas, agitó precariamente las manos en señal de batir palmas, pero éstas cayeron enseguida sobre su regazo, desobedeciéndola. Elvira se había quedado contemplándola, con esa dulzura que sólo se depara a los niños. Luego, tal vez para sacudirse aquella sensación, dijo:

—¡Alabado sea Dios! Como si a la juventud fueran a cambiarla a fuerza de vicisitudes. Por más rigor que usen, está escrito: ¡la juventud es la juventud! ¿Y contra eso quién va a poder? Dímelo tú misma!

El gris mate del cielo, le aportaba esa consistencia casi de toldo que ahora tenía. De repente, lo sentían descender. Caía desde muy alto sobre ellas, envolviéndolas entre sus pliegues como una mortaja. Para eludir su sofocación, Elvira volvió a concentrarse en las palabras, cual si se tratara de un rezo urgente.

—¡Qué no nos falte Dios! ¡Qué no nos falte nunca! ¡Y que no les falte tampoco a esas criaturas! —Sus palabras coincidieron con el retumbar de un trueno en la distancia, y casi sin darse cuenta se persignó dos veces con fervor—. ¡Ahí tienes! Ya debe haber pasado lo que estábamos temiendo que pasara. ¡Sin saberlo, claro! Sin enterarnos de nada. Aquí nunca se sabe. Las cosas se presienten. ¡O se huele que están pasando! ¿Te acuerdas de ese sueño que tuve antes de anoche? ¿El rosal, devorado por orugas que nunca se volverían mariposas? Me pareció extraño, ¿recuerdas? ¿Cómo podía saber yo algo así, dímelo tú? ¡Nunca he sabido de flores ni de esas cosas! Y todas las orugas acaban por volverse mariposas un día u otro, si es que antes no viene un pájaro y... ¡Zas! ¡Bueno, pues ahí lo tienes! No sabría explicarte muy bien, pero ese sueño algo tiene que ver con lo que pasa. ¡Porque algo pasa...! De eso, que no te quepan dudas. ¡Algo está pasando ahora mismo, que ni sabemos; algo que ni pasa, ni deja de pasar; ni acaba de pasar ya de una vez! ¡Pero pasa! Aunque parezca un trabalenguas.

Los golpes a la puerta hicieron que Elvira callara abruptamente. Para no asustar a la otra con su propio sobresalto, sonrió involuntariamente, y dijo:

—¿Y ahora qué? ¿Quién podrá ser? ¡Ya vuelvo!

Regresó para anunciar que se trataba del cobrador de la luz, mientras sacaba con presteza la cuenta, y un billete de veinte pesos que había colocado debajo de un tapete. Con ellos en la mano, se dirigió a la puerta nuevamente. Volvió enseguida, y dejó el cambio a la vista, sobre la mesa del comedor. Ahora, sus manos estaban atareadas en encender una de las hornillas de la cocinita de gas.

—Estos condenados fósforos —dijo, tirando al

fregadero el cerillo descabezado—. En cuánto huelen agua... ¡No sirven para nada! ¡Ni fósforos sabe hacer esta gente! —Finalmente consiguió encender la hornilla—. No te preocupes que la sopa está enseguida. Nada más hay que calentarla un poco.

Los ojos de Elvira se fugaron un instante a través de la puerta que daba al patio, como si cansada de su propia voz, evitara escucharla. Pero afuera la aguardaba un paisaje de consignas, todas iguales e inescapables:

¡Estudio, trabajo y fusil! ¡Ante las dificultades, ni quejas ni lamentaciones!: ¡trabajo!, Fidel Avanzando por los senderos luminosos del marxismo - leninismo! ¡Todos a cumplir con Fidel! ¡El futuro, pertenece por entero al Socialismo!

Los ojos, buscaron con avidez las buganvillas del patio, que estaban en plena floración, y se arrimaban a la cerca de tablones podridos, ofreciéndose un mutuo apoyo. Un buitre solitario, o desperdigado, trazaba de repente un mismo círculo en el cielo, como si buscara un rastro que lo condujera a otra parte. Elvira lo notó porque era blanco, y destacaba contra el cielo. (Un *aura* blanca, nada común, que la hizo pensar en su niñez. La leyenda de un sacerdote cuya alma purísima volvía de la muerte para asistir a los menesterosos. El corazón le decía, no obstante, que no debía engañarse. Los milagros estaban descartados). Sus ojos seguían al buitre. Lo vieron apretar el círculo de su pesquisa, a la vez que perdía altura. Un instante lo perdió de vista, y al siguiente volvió a verlo cuando descendía para posarse sobre la cerca. El color blanco —pensó Elvira— era el color que asumía la muerte de los inocentes: de los niños y los más jóvenes. El lirio, era su flor natural —se dijo mientras las manos parecían deshojar una flor inexistente—. ¿Pero dónde encontrar un lirio? Más poderosa que todo, su aprensión la llevó entonces al patio:

—¡Fuera, pájaro! ¡Vete lejos! Adonde encuentres carroña.

Asustado, el buitre aleteó para mantener el equilibrio sobre lo alto de la cerca, pero su terquedad, o su fatiga, vencieron sobre su miedo. Sólo al cabo de un tiempo que a la mujer se le antojó interminable, volvió al cielo imprevistamente. Ella, que no lo perdía de vista, lo vio remontarse a la inmensidad abierta, aquélla que quedaba fuera de su campo visual y desaparecer del todo. Suspiró entonces, como si existiera, o fuera posible alguna correspondencia de causa y efecto entre la desaparición del buitre, y la prevención de aquel desastre cuyo anuncio enigmático estaba en todas partes. Con la obstinación del que debe creer en la eficacia de algo, Elvira se aferró a esta idea. Una corriente de aire penetró en ese instante por la puerta entreabierta, arrastrando consigo hojas y papeles, y trayendo hasta las mujeres el hedor inconfundible de un animal muerto. Mientras cerraba la puerta con expresión de asco, Elvira pensó que podía tratarse de una rata. El ladrar de los perros cesó un instante —tal vez la paralítica lo notara también— para recomenzar luego con renovado vigor.

En ese mismo instante, reapareció en el trozo de cielo que alcanzaba a divisarse, el aura blanca. Volaba muy bajo, y regresaba seguida por otra, un animal común, de plumaje negro. Ambos buitres giraban en un mismo círculo que daba la impresión de un simulacro de persecución, en el que perseguidor y perseguido intercambiaran sus roles. Entre tanto, otros buitres se les iban juntando y obligaban a los primeros a ensanchar el círculo, sin dejar de girar.

—*¡Solavaya!* —dijo Elvira, persignándose, a la vez que se apartaba de la puerta de cristales que daba al patiecito. Imperceptiblemente, el cielo había pasado del gris mate a una negrura de hule, sobre la que relumbraban descargas intermitentes. Un rayo cayó a lo lejos sobre un árbol, fulminándolo, y desparramando astillas de luz por el cielo. Se vislumbró el incendio, y comenzó a llover. Elvira se santiguó una vez más, y se puso en movimiento.

—Ya el agua está aquí —anunció a la paralítica—. Con tantos rayos, no me gusta que estés en esa silla. —Casi sin esfuerzo alzó en vilo el cuerpo de la otra, y lo acomodó en un viejo reclinable de mimbre, cubierto de almohadas—. ¿Estás cómoda así?

Dos goteras habían comenzado a caer a cortos intervalos una de otra. ¡Paf! Poc! ¡Paf! ¡Poc! Elvira se dirigió entonces a la otra pieza, extrajo de la alacena algunos tiestos vacíos y fue colocándolos en sitios conocidos. Las nuevas goteras encontraron sus tiestos esperándolas, y por el tiempo que a las mujeres les tomó habituarse a su presencia, estuvieron escuchando el picotear desacompasado, como de pájaros hambrientos, dentro de las vasijas: ¡Pin! ¡Pin! ¡Pof! ¡Pof! ¡Pacu Pa! ¡Pacu Pa!

—Ya casi está tu sopa —dijo Elvira, buscando en la alacena un plato en que servirla. Su voz era tranquila, aunque desesperaba por no encontrar en la gaveta la cuchara de madera, que guardaba junto a los palitos chinos. Por fin la halló, junto con otros utensilios, en un cajón cualquiera—. ¡Cuando yo lo digo: que esta Emilita lo trastoca todo! Ahora sí —dijo esta vez, dirigiéndose a la paralítica.

Después de acomodarle las almohadas una vez más, comenzó a alimentarla cuidando de que comiera los pedacitos de carne que flotaban en la sopa.

—Ni el pan de hoy; ni el arroz del mes; ni los frijoles del mes pasado tampoco. La *Trinidad* que falta, andan llamándola. ¡Entre tantas cosas que aquí faltan, venir a faltarnos también la *Trinidad!* El gas vino, pero no alcanzó. (Se lo repartieron entre ellos, o lo *asignaron* a otros fines). Por eso tenemos que ahorrar el que nos queda: exprimirlo como si fuera agua. ¡Si se nos acaba el gas, sí que vamos a estar mal! Qué va, hija, ya no hay quién pueda con la vida que llevamos...

Dejó de alimentarla un instante para hacerle beber un sorbo de agua fresca. El líquido atrajo sobre sí fugazmente todos los destellos que parecían faltar en la habitación. Elvira los notó con un inexplicable y repentino alborozo, y por un instante, deseó que también la paralítica hubiera podido percatarse de aquella exaltación momentánea de la luz en el vaso. Pensó con alegría en lo sucedido, atribuyéndole tal vez un carácter simbólico. Pero nada podía aliviarlas de nada —se dijo de repente, con dureza y descreimiento.

—De camino para acá me encontré a la pobre Clara, que no ha parado de hacer gestiones —dijo—. Como te conté, al muchacho vinieron y se lo llevaron con los otros. Según la abuela por la madrugada estuvieron a punto de entregárselo a la madre. Clarita se movilizó enseguida. Tú sabes que ella no se anda durmiendo en los laureles. Llamadas para aquí, y llamadas para allá, hasta que al fin, sin más explicaciones le dijeron que pasara a buscarlo. ¡Que le dejarían llevarse al muchacho! (Cuando se tiene padrinos hasta el más incrédulo se bautiza). Pero el muchacho se declaró en rebeldía, o cosa así, y dijo que si no soltaban al amigo, él tampoco salía de allí a ningún lugar. Por eso, en otra parte le daban una medalla a lo mejor, pero lo que es aquí... Clarita está aterrada. Porque los santos ayudan una vez, pero dos son demasiadas. Porque estos santos eran de postalita, hija. En cuanto se enteraron, se les cayó el altarcito: *"Ah, ese era otro problema. Un problema de conciencia!"*, le dijeron, para el que ellos no tenían ningún remedio; que *"seguramente, eso era lo mejor para el muchacho"*. Y cosas parecidas a ésas. ¿¡Quieres tú creerme?! ¡Y eso que eran santos del panteón familiar! ¿Te imaginas? ¡Al final todo quedó en eso: *"un problema de conciencia!"*. A Clarita se le ha venido el mundo encima. ¡Natural! Ahora dicen que irá hasta La Habana para tratar de hablar con Celia Sánchez. —A lo mejor había una pizca de ironía en la voz de Elvira cuando agregó—: A la verdad, hija, ¿te imaginas qué nos vamos a hacer, el día que esa mujer se nos muera? ¡Dios nos ampare! Debíamos de pedirle que nos la conserve muchos años[1].

Se puso de pie para buscar en la alacena un platillo en que servir el postre. Retiró el plato donde aún flotaban algunos fideos, y al volver junto a la paralítica sirvió la compota de grosellas, con la misma cucharilla de madera que luego empleó para hacérsela comer.

—Y a todas éstas, ¿quién sabe lo que está pasando de verdad? Una recogida general... Y esos muchachos incomunicados... Es todo lo que sabemos. (¡Que se sepa no estamos en espera de ninguna invasión! De inmediato, quiero decir, porque tú sabes que aquí, siempre se está esperando algo). ¿En qué cosas pueden haberse metido esos muchachos para que los recojan, y los tengan incomunicados, dime tú? ¡Como te lo digo: incomunicados! No hay quien sepa decir por cuánto tiempo. Ni en qué cosa pueden haber andado metidos. ¡Alabado sea Dios! ¿A dónde vamos a parar por este

---

[1] Una de las mujeres más próximas a Castro desde los días en que éste se refugiaba en la Sierra Maestra, fungió por muchos años como archivera o secretaria personal del mismo. Entre el pueblo se le atribuía gran influencia sobre el líder máximo y sus decisiones, en virtud de ser, según la propia fuente, su amante y pareja, y la persona que más íntimamente lo conocía.

camino?

Sin aguardar respuesta, Elvira observó que las descargas se habían alejado, aunque el caudal de agua no había aminorado. Todavía, a veces, se las veía atravesar el cielo en la distancia, pero no alcanzaba a oírse más que un trallazo asordinado, como si algo se desgarrara —un tejido, tal vez— o como si alguien deslizara un mueble muy pesado, a intervalos largos. Poniéndose de pie una vez más, Elvira comprobó que las señales inscritas en el cielo seguían allí, inescrutables, entre las consignas que le salieron al paso. A la luz ocasional de los relámpagos, observó que éstas adquirían un relumbre que le pareció siniestro:

El Partido es la conciencia y la moral de nuestra época   Sólo los cristales se rajan: Los hombres mueren de pie   Y de que van: ¡Van!   Avanzar con el mismo espíritu del Moncada   ¡Más firmes y decididos que nunca!   ¡Azúcar! ¡Para crecer!   ¡El Partido es inmortal!   ¡Todos a la zafra! ¡Con Fidel!   ¡La emulación socialista, factor esencial...! Donde sea, como sea, y para lo que sea, Comandante en Jefe: ¡Ordene! Somos un pueblo dispuesto...

Regresó a la habitación, para dejarse caer en una comadrita desvencijada, pero cómoda. La paralítica intentó decirle algo sin conseguirlo, tal vez algo que ni siquiera se había propuesto decir. Un hilo de saliva se descolgó entonces de una de las comisuras de los labios, cual si la súbita diligencia de una araña transparente que hilara dentro de su boca, intentara cazar palabras también transparentes. Rápida, casi furtivamente, Elvira secó el hilo de baba y devolvió luego el pequeño pañuelo al regazo de la mujer.

—Cuando dice a llover aquí, parece que no tiene para cuando acabar —dijo entonces. Luego, con resolución, como si estuviera a su alcance prometerlo añadió—: Pero siempre que llueve escampa. ¡Eso, tenlo por seguro! ¡En todas partes escampa algún día! —Tuvo un instante de duda, o de meditación, al cabo del cual agregó—: Y si no, esto se hunde.

De un vistazo, comprobó que la otra se había quedado dormida entre las almohadas. Dejó entonces de mecerse para volver a sus quehaceres. Desde el dormitorio recobró impasible el hilo de la conversación allí donde lo había dejado un momento antes:

—Porque la tierra ya no aguanta más.

Sobre la cama, el cielo raso había formado una burbuja de agua que amenazaba desplomarse de un momento a otro. Elvira anticipó tal vez ese instante que la separaba del desplome, calculó el montón de cosas que debería mover a una velocidad astronómica, antes de que el cielo raso cediera bajo el peso del agua acumulada. Pensó en llamar a Emilita por teléfono, decirle que viniera corriendo; que le avisara también a Víctor y a cuántos fuera posible. Pero sabía lo imprácticas que resultaban ahora todas aquellas posibles soluciones.

—¡Dios mío! —dijo, invocando sin saberlo, tercamente, la ayuda de todos, de Dios principalmente. Pero ninguno podía oírla, ni siquiera Dios.

Something's Brewing

"Lucky you!" said Elvira, who entered the room struggling with the weight of the bags she was carrying. "The best thing for anyone these days, is to be shut away. Closed off completely, except for a hole big enough to get some air through! So what if the rest of the world is crumbling to pieces all around you? Just let it go ahead and fall completely apart!" She shook her head as if trying to banish this negative stream of thought while she managed to nudge the door shut with her torso. "It'll happen when you least expect it!"

Without faltering, Elvira breezed past the paralytic to beat a quick path into the other room. She set the bags of groceries down on the table, and while supporting her own weight on its edge, let out a sigh of relief.

"You should have seen how long the line was that I had to wait in!" she said, still breathing heavily from the strain of lugging the groceries. "And all for a measly bunch of potatoes and a couple lousy cans of food. Today's bread wasn't in yet. Because of a shortage of flour, or was it yeast? Oh, what's the difference?"

Quietly, the customary muting effect of this overcast day made its way to them, placing an almost palpable distance between all things. From very far away, the tired barking of a single dog was heard above the rest. It waxed and waned with the others, caught up in an infinite dispute with no apparent purpose.

Through the glass door that led into a small interior patio Elvira looked up at the sky.

"I was lucky to get here before it started pouring. It's going to rain cats and dogs again! And God only knows what else! It's already been raining for two weeks."

Now that rain was imminent, Elvira was certain she could uncover other signs in the sky, indications of impending events that had not yet manifested themselves. Returning from the remote shore of her conjectures, she spoke up.

"There's something going on! Now just try to figure out what, exactly. Because something's always on the verge of happening around here! They started with the arrests again. Last night they came and carted off Tico, the son of Clarita, the teacher. And along with him they took Rodrigo, Sara and Ancleto's son. (Those two boys are as close as you can get). They also got Gumersindo's son! And the son of Naro Galíndez! And Clementina Ferro's boy! And the Ordoñez's youngest one...! They even took buck-toothed Ricardito, the Aguirre's boy away, poor bastard! I dare you to find out how many other poor souls they got, cause there's a lot more than I mentioned. The ax-man didn't miss a single head. The streets are deserted!"

While removing the groceries from the shopping bags, she paused for a moment to gaze at the clutter that dominated the room.

"Holy Mary, Mother of God! You wouldn't know where anything belongs in this house", she said. "The only person who puts anything away around here is *me*. Don't get me started on Emilita! She means well, but to tell you the truth, she doesn't care if the bedpan is out on the table or under the bed where it belongs." Elvira began a frenzied rearranging of objects throughout the entire room, as if each one had a previously designated spot it should be returned to. "A place for everything, and everything in its place," she said, seemingly quite satisfied. "That's my motto! If it's not like that, how could we go on in this house? We'd be belly up, like the rest of the world! As if it weren't bad enough that any day now the whole world could come crashing down on you! Well, until that day arrives I'll be right here picking up the things that get left behind and putting them right where they belong. That's the cross I have to bear! What else can be done? Somebody's got to do it."

The eyes of the paralytic followed her every movement and Elvira sensed the lively gaze on her. One of the shopping bags she had set down on the table was about to tumble onto the floor, but she managed to stop it from falling just in time.

"Guess what I brought for you today!" she said, pointing to the bag.

The eyes seemed to fill with joy, to even be smiling at her, thought Elvira, pausing from her chores for a moment to take one of the woman's hands between hers.

The room was suddenly lit up by a series of flashes of lightning, as if the result of a violent short circuit.

"I wonder what could be making your mouth water," said Elvira, returning to her frenzied arranging of things after making the sign of the cross. Her hands finally came upon what they were searching for inside the shopping bag. "Currant preserves, made from the currants from the garden!" She said holding up the container in front of the other woman with an air of triumph. "Each year they bear fewer currants, and this year's were so acidic that you couldn't eat them. Don't even ask how or where I managed to get the sugar to make it. But you know what they say: scratch my back and I'll scratch yours. I made it for you last night knowing how much you like sweets, and I was saying to myself, first thing tomorrow you'll have Emilita take it to her. Just think how happy it will make her. But in the commotion of last night I forgot all about it. It seems like everything started last night! Oh, who knows, really? What's important is that here it is. Here you are my child, at last! You can always do with something sweet in this life!"

The woman sitting in the wheelchair waved her hands precariously in the air in a sort of hand clapping gesture, but they immediately fell back into her lap and lay there disobediently, continuing their own convulsive movement. Elvira paused to study her with an endearing look, the type usually reserved for children. Then perhaps to shake off that mood, she spoke up.

"Goodness, gracious! It's as if they were trying to change young people into something they're not... and the harder they try, the more they'll have to face up to the fact. Young people will always be young people! Just tell me what anybody can do to try to change it!"

The dull gray of the clouds gave the sky overhead the awning-like consistency it had right now. Suddenly, the two women felt it lowering. It seemed to fall onto them from a great height, enveloping them in its shroud-like folds. To avoid being suffocated, Elvira went back to concentrating on her words, as intently as if she were uttering an urgent prayer.

"Oh, Lord, don't fail us now! Please, don't ever fail us! And don't fail all those poor unfortunates either!" Her words coincided with a clap of thunder sounding in the distance and almost reflexively she crossed herself twice with fervor. "That must be it! What we were afraid was going to happen must have already happened, without us knowing about it. You never know about anything around here, but there's always a premonition. You can just feel that things are waiting to happen. Do you remember that dream I had the other night? The one about the rose bush that was all eaten up by caterpillars that never turn into butterflies? It seemed so strange to me, remember? How am I supposed to know anything about something like that? I don't know the first thing about flowers and such! And caterpillars always turn into butterflies unless a bird

44

comes along first and... Bam! Anyway, you get the idea of what I'm trying to say. I'm not sure I can explain it to you very well but that dream has something to do with what's going on now. Because something is definitely up! Don't you doubt it for even a second! There's something just waiting to happen right now that we don't know the first thing about; something that either happens, or stops happening, or just finally got through happening. But happens nonetheless! Even though this may seem to you like nothing more than a riddle."

A loud knocking on the door silenced Elvira abruptly. So as not to alarm her companion with her own frightened reaction, she forced a smile as she spoke.

"Now what? Who could that be? I'll be right back!"

She returned to say that it was only the bill collector from the electric company as she hurriedly slid the electric bill and a twenty-peso note out from under the place mat where she had been keeping them hidden. With these in hand, she headed toward the door. Returning immediately, she set the change down on the kitchen table. Then her hands were at work trying to light one of the burners on the small kerosene stove.

"These damn matches!" she said, tossing the decapitated match into the sink. "If they even get a faint whiff of water they go bad! They're totally useless! This country can't even make a match that's any good!" She finally managed to light the burner. "Don't worry, the soup will be ready very soon. It just has to be heated up a little."

Elvira let her gaze drift for a moment through the doorway leading out to the patio, as if she were now tired of hearing herself talk and trying to find a place out of earshot of her own voice. But what awaited her outside was a landscape of monotonous, inescapable slogans.

'*Combative readiness, hard work, and study!*' '*No whining or complaining in the face of difficulties: only work! Fidel.*' '*Onward, through the shining path of Marxist-Leninism!*' '*Everyone must follow Fidel.*' '*The future belongs to Socialism alone!*'

Her eyes eagerly sought out the patio's bougainvilleas, which were in full bloom, their vines climbing up and overhanging the rotting posts of a wooden fence, offering a mutual support. A solitary or perhaps stray buzzard suddenly traced a repetitive circle in the sky as if searching for a trail that would lead it somewhere else. Elvira noticed the bird because it was white and stood out against the dark background of the sky. (An albino vulture, very unusual, which made her think about her childhood: The story about a priest whose chaste soul returned from the dead to minister to the needy. Her heart told her, however, that she better not let herself be fooled. All miracles had been done away with). Her eyes followed the buzzard. They saw it tighten the circle of its vigil as it spiraled lower. She lost sight of the bird for a moment but it quickly came back into view when it came to land on the fence. The color white, thought Elvira, was the color that the death of innocent beings took on, the death of infants and children. The lily was its natural flower, she told herself as her hands undid the petals of an invisible bloom. But where could one find a lily? Overcome by her apprehension, she was forced out into the patio.

"Shoo, bird! Get out of here! Go find a dead animal somewhere."

The startled vulture flapped its wings to stay perched on the top of the fence, its stubbornness, or perhaps its fatigue, winning out over its fear. Only after a period of time that seemed interminable to the woman, did it unexpectedly returned to the sky. Without letting it out of her sight, she watched it re-ascend into that immense openness, the vastness that remained outside her field of vision, and disappear into nothing. She breathed a sigh of relief, as if there might possibly or actually be a cause and effect relationship between the vulture's disappearance and the prevention of that disaster whose enigmatic announcement was everywhere. With the stubbornness of someone who must believe in the efficacy of something, Elvira clung to this idea.

At that moment a gust of wind blew a flurry of leaves and bits of paper through the halfway open doorway, carrying with it the unmistakable stench of a dead animal, which now wafted toward the women. Thinking there was probably a dead rat in the patio, Elvira slammed the door shut as she winced with disgust.

The barking of the dogs ceased for a moment, (perhaps the paralytic noticed this also), to only start up again with renewed vigor.

At this same instant, in a patch of sky that managed to break through the clouds, the albino vulture reappeared. It was flying very low and had returned this time followed by another vulture, but of the common type with black plumage. Both vultures glided in the same circle, in seeming sham pursuit, where the roles of pursuer and pursued were repeatedly interchanged. Meanwhile, other vultures joined the original two, forcing them to gradually widen their continuous, circular flight.

"May God help us!" said Elvira, crossing herself as she stepped back from the glass door. Imperceptibly, the sky had changed from dull gray to a shiny pitch-black like oilcloth that was lit up intermittently by flashes of lightning. One bolt struck a tree in the distance, destroying it and scattering splinters of light toward the sky. The tree's fire glimmered, then the rain started. Elvira crossed herself again and went into action.

"The thunderstorm is right over us," she announced to the paralytic. "I don't like the idea of you sitting in that wheelchair while there's so much lightning." Almost effortlessly, Elvira lifted the older woman's frail body right up and arranged it over the pillows that covered an old wicker recliner. "Are you comfortable like that?"

Water from two leaks in the roof started dripping, the drops hitting the floor not quite in unison. Drip! Drop! Drip, drop! Elvira went to the other room, took down several clay pots from the cupboard and rushed to place them at the spots where she knew they would be needed. The drops from the newer leaks found a pot already waiting for them, and during the time it took for the women to get used to its presence, they went on hearing the loud, erratic pecking, like the sound of hungry birds feeding, that came from inside the containers. Drippidy, drop! Drop, drippidy! Drippidy, drippidy! Drop!

"Your soup's just about ready," said Elvira as she searched the cupboard for a bowl to serve it in. Her voice showed none of the irritation she felt at not being able to find the wooden spoon she kept in the drawer next to the chopsticks. At last she found it in the wrong drawer mixed in with other utensils. "Didn't I tell you that Emilita puts everything in the wrong place? Now you know just what I mean!" she said addressing her words to the paralytic.

After fluffing the pillows for her one more time, she started feeding her, making sure that she ate the small bits of meat that were floating in the soup.

"We didn't get today's bread, nor this month's rice, and we never got last month's beans. You might call it *The Trinity* of shortages. With scarcity of so many things these days we've even come to a shortage of that sort! Can you beat that? There was kerosene at the beginning of the month, but it didn't make it till the end. (The scoundrels divided it up among themselves or *assigned it for other uses*.) That's why we have to conserve the little we have, wring it out like water from a wet rag. When you run out of kerosene, you know you'll be in bad shape. But what's to be done, child? With the kind of life we lead around here, nobody can make ends meet anymore!"

She stopped feeding the paralytic for a moment to have her take a sip of water. The liquid attracted to its surface a fleeting glimmer of all the sparkle that seemed to be missing in the room. With an unexplainable and sudden elation, Elvira noticed it and for a moment wished that the other woman could have been aware of that momentary exultation of the light in the glass also. She thought with joy about what had happened, perhaps attributing to it a symbolic quality. But with sudden harshness and disbelief, she thought how nothing could relieve the two of them from anything.

"On my way here I met poor Clara who's still trying to get things straightened out for her son," she said. "Like I told you, they came for him and carted him off with the others. According to his grandmother, they were all set to release him back to his mother. Clara had started arranging things right away. You know how she's not the kind to wait for things to happen. A few calls here and a few calls there until finally they're telling her she can come pick him up, no questions asked. Can you believe they were actually going to let her take him back! (Even a sinner can get past the Pearly Gates with

49

the right connections). But the boy put his own foot down and said that if they wouldn't let his friend go too, he wasn't going anywhere either. Somewhere else, he would probably get a medal for doing something like that, but not around here. Poor Clara is terrified. The saints may lend a helping hand once, but twice is asking too much. Not because she was asking for the impossible, but because these aren't your usual saints. As soon as they found out about the boy's defiance, their divine powers failed them. *'Oh, that was a different kind of problem,'* they told her. *'That was a problem of political consciousness'* for which they had no cure, and that *'it would be certainly the best thing for the boy ...'* and other remarks like that. Can you believe it? After that, even her own relatives couldn't pull any strings for her! Can you imagine? In the end the bottom line was *'a problem of political consciousness!'* Poor Clara's world came crashing down on her. It's only natural. Now they say she plans to travel to Havana to see if she can talk with Celia Sánchez[2]." There was probably a bit of irony in her voice when Elvira added, "in all honesty, child, can you imagine what's going to become of us the day that woman kicks the bucket? God help us! We must ask Him to keep her around for us a whole lot longer."

Elvira got up to look in the cupboard for a plate to serve the currant preserves. After removing the soup bowl that still had a few noodles floating in it, she returned to the woman's side. She dished out the currant

---

[2] Sánchez was one of the women closest to Fidel Castro. For many years she served as his archivist and personal secretary. She was considered by the Cuban populace as having significant influence over him and his decisions thanks to her being, according to the same source, his lover and partner, and the person who knew him most intimately.

preserves with the same wooden spoon that she would later use to feed her.

"After all, who can tell what's really going on? There've been a large number of arrests... and those boys are being held incommunicado... but that's about all we know. (We're not expecting any sort of invasion as far as anybody knows! Right now, anyway. Because you know we're always expecting *something* around here). Just what could those boys have been up to, to make them get arrested and held incommunicado, for crying out loud? Like I said, incommunicado! And who knows for how long. Or what exactly they're involved in. Goodness, gracious! How much longer can we keep this up?"

Without waiting for an answer, Elvira noticed that the flashes of lightning were farther off, even though the strength of the downpour had not yet let up. Now and then a flash could still be seen across the sky in the distance, but nothing more than a muffled crackle could be heard, a sound like something being torn, a piece of cloth perhaps, or like someone dragging a piece of heavy furniture across the floor, tugging at it for long intervals. Standing up again, Elvira went out to the patio and saw that the ominous signs still lingered in the sky, inscrutable, amid the slogans that kept cropping up in her path. In the intermittent light of the flashes of lightning she noticed that they took on a glow that seemed sinister to her.

'The Party is the conscience and morale of our time.' 'Only windows crack. Real men die standing.' 'Fidel said it: Ten million tons. It has to be!' 'Onward

with the same enthusiasm as the Moncada[3] days!' 'Firmer and more decided than ever.' 'Sugar! To grow!' 'The Party is immortal!' 'Everybody to the sugar harvest with Fidel!' 'Socialist emulation, the essential factor!' 'Whenever, however, and for whatever, Commander in Chief, lead us.' 'We are a willing nation...'

She returned to the room and plopped down onto a rickety, but comfortable daybed. The paralytic tried to tell her something but was not able to get the words out, perhaps something she had not even intended to say. A thin string of saliva dribbled down one of the corners of her mouth, as if the result of the sudden diligence of a transparent spider spinning a web inside her mouth, trying to capture equally transparent words. Quickly, almost furtively, Elvira wiped off the thread of slobber with a handkerchief that she returned to the other woman's lap.

"When it decides to rain around here it seems like there's no end to it," said Elvira. Then with a resolution that seemed within her power to promise, added, "but every time it rains it also stops. You can be sure of that! There's not a single place on this earth where the rain doesn't let up some day or another!" After a moment of doubt, or meditation, she added, "and if that's not so, this whole place is going under."

Glancing over at the paralytic, she saw her stretched out over the pillows and fast asleep. Intending to get back to her chores, Elvira stopped her rocking. From the bedroom, she impassively picked up the thread of the conversation right where she had left off a few moments before.

---

[3] The failed attack led by Fidel Castro in Santiago de Cuba in 1953, before he fled the country to reorganize his strategy in the fight against Batista.

"Because this land can't stand one single drop more."

The ceiling over the bed had collected a large puddle of water that threatened to come crashing down at any moment. Perhaps Elvira anticipated that moment in time that separated her from the inevitable deluge. She calculated the huge number of things she would have to move at an astronomical speed before the ceiling gave way under the weight of the accumulated water. She thought of phoning Emilita to tell her to come right away, that she should notify Victor also and anybody else she could. But she knew how impractical all those possible solutions were right now.

"Oh, my God!" she cried, without even knowing she was stubbornly invoking the assistance of everyone, and of God primarily. But no one could hear her, not even God.

Ele-pe-vé

¿De eso...? ¡Imagínense...! Han pasado como doce, o trece años por lo menos. ¡Tal vez más! Un montón de tiempo. Sí. Yo casi que ni me acordaba ya hasta que he vuelto a ver a Fico. Cuando lo vi, no se me parecía a nadie conocido. (A lo mejor yo tampoco le recordaba a nadie, porque me confundió con mi hermano Alberto, que murió en Angola). ¿Cómo iba yo a reconocerlo? Parecerse no se parece ni a su sombra. Yo creo que no se parece a nadie. Pasó por aquí a saludar a mi madre, y al verme —porque él fue el primero en verme— me confundió con mi hermano Alberto. Yo también debo estar desconocido.

—Hola, Alberto, ¿se acuerda de mí? Yo soy Fico. Fico Medina. El hijo de Octavio y Fefa.

Figúrense qué podía yo decirle. ¿Qué esperaban ustedes que le dijera?

—A Alberto lo mataron en Angola —eso dije.

Se pasó la mano por la cabeza pelada como si fuera a quitarse el sombrero. (En el fondo sigue siendo el guajirito respetuoso de antes). La noticia pareció afectarlo.

—¿Quiubo, Fico, todavía no me reconoces?

Se quedó parado en seco, como si no quisiera reconocerme. Yo estoy seguro de que no quería darse cuenta de que era yo.

—¿Germán...?

—El mismo que viste y calza.

Nos saludamos.

—Pasa, hombre, pasa. Date un palo de ron.

Pero él no quiso pasar, ni echarse un trago conmigo. Se excusó diciendo que no bebía hacía años y que estaba apurado. Dijo que volvería en otro momento.

—Posiblemente mañana —dijo.

Para saludar a la vieja que siempre se había acordado de él, lo mismo que Alberto.

—A mamá, también la enterramos hace una semana. La vieja nunca se repuso de la pérdida de mi hermano.

Al guajiro se le saltaron las lágrimas. Imagínense qué podía yo hacer. Nada —me dije— que cualquiera tiene su fibra. ¡Hasta yo, que soy un tipo duro! Nos dimos un abrazo como si fuéramos hermanos de toda la vida. Luego brindé por él.

—¡A tu salud, que es lo único por lo que de verdad podemos brindar! Mientras nos dure —dije.

Es verdad que en una época fuimos uña y carne. Naturalmente, de eso ni quién pueda acordarse ya. Entonces, éramos los mejores amigos y andábamos arriba y abajo el día entero. Casi simultáneamente tuvimos novias. Y su vieja y la mía se visitaban e intercambiaban favores. Después pasó lo que pasó, y ya saben ustedes lo que hacen el tiempo, y la distancia. Claro que no fue culpa de nadie. Nadie tiene la culpa de nada, sino el tiempo, y la distancia, y lo que pasó...

—¡Alberto era un tipo encojonado! —dijo, como si no pudiera resignarse a lo que era un hecho, que mi hermano Alberto estaba muerto y enterrado—. ¡Buena persona, de verdad! ¡Como él hay pocos! Recibir sus cartas, y las de tu madre, era para mí tan importante como las de mi propia madre, Germán.

Le insistí para que se quedara a almorzar con nosotros, pero no quiso. Yo pensé que se quedaría, porque se volvió loco con los fiñes, y ellos con él. ¿Se imaginan? Un hombre tarajalludo, con sus pelos y señales, que se tira en el suelo y se pone a jugar con los vejigos como uno más. Tal vez para transigir, me pidió un vaso de agua fresca.

—¡Sin hielo, Germán! —dijo—. Como mismo salió del pozo.

Yo me eché a reír como si él hubiera hecho una

broma. Me pregunté de dónde sacaba él que tuviéramos donde enfriar. Luego me acordé que antes, cuando ambos éramos pequeños todavía y el viejo tenía la carnicería, habíamos tenido un *Westinghouse* enorme, de tres puertas en el que mamá le guardaba la carne a las vecinas.

Se tomó el vaso de agua de un tirón. No dio las gracias, porque según dijo era malo dar las gracias por el agua. Levantó el vaso antes de bebérselo, se lo puso delante de los ojos como si mirara a través de él, inclinó ligeramente la frente hasta tocar el vaso, y bebió. Lo puso luego nuevamente sobre el platillo y me lo devolvió diciendo:

—No te doy las gracias por el agua, porque no deben darse.

Se fue también sin despedirse porque dijo que eso traía mala suerte. Dijo que volvería muy pronto, lo mismo que había venido, que ya había cumplido. ¡Un montón de años!... Doce..., o trece..., me parece que dijo. No sé muy bien cuántos... Juro que cuando lo vi no pude reconocerlo. Es el mismo, sin duda. Soy yo seguramente, que no conseguí reconocerlo.

De aquello no hablamos palabra. Parecía como si no quisiera acordarse. ¡Ni una palabra! Nada más que ya había cumplido. Pero al mismo tiempo era como si no hablara de otra cosa. Por él hablaban todo su cuerpo y cada uno de sus gestos, y hasta sus largos silencios reticentes.

—Yo sé muy bien, a qué has venido —acabé por decirle.

El pareció desconcertado, o simuló estarlo:

—A saludar, Germán. ¡Y a darles las gracias a tu difunta madre y al difunto Alberto por acordarse de mí! Como no están ellos, te las doy a ti, y a tus hijos.

—A mí no me haces tú cuentos, guajiro. A

echarme en cara vete a saber qué traiciones...
—Vamos, Germán, deja eso... ¿De qué traiciones...?
—Entonces... ¿a qué vienes?
Nunca me han gustado los abstemios. Un hombre que no se da un trago con otro hombre es una calamidad. No se puede confiar en nadie así. Pero Fico accedió por fin a tomarse un vaso de aguardiente. Lo bajó del mismo modo que se había tomado el agua: a *cuncún*. Dejó en el vaso un buche, para los santos —dijo. En la cárcel se había vuelto creyente o se le habían afincado creencias que ya iba teniendo cuando lo encerraron—. Y salió al patio para arrojarlo en una esquina. Se había mareado, pero no estaba borracho.
—Olvídalo todo, Germán. Lo pasado, pasado. No fue culpa de nadie. Fue la suerte. ¡La mala suerte! ¡El destino! ¿Qué sé yo?
Parecía que iba a comenzar a hablarme de aquellos años, pero en eso apareció Gladys con el más fiñe, y anunció que Emilio estaba por llegar.
—Fico, quiero que conozcas a Gladys, mi mujer.
A ella le cayó bien enseguida.
—Para mí, es como si lo conociera de toda la vida. Imagínese usted que la difunta —dijo ahora persignándose— no hacía más que mencionarlo.
Fico se aguantó las lágrimas que estaban por salírsele con otro trago de ron, y Gladys, tal vez dándose cuenta no pudo evitar las suyas.
—Les voy a colar un cafecito —dijo, enjugándose las lágrimas.
—Por mí, no se moleste —dijo Fico, que se proponía marcharse—. Hace muchos años que dejé el café y el cigarrillo...
—¡Qué más quisiera yo! —dijo Gladys, sin percatarse de su intención—. En esta casa no se gana

para comprar café donde aparezca. ¡Pero a almorzar con nosotros sí que nos acompaña, Fico! —dijo ella ahora—. Lo que hay se le ofrece de corazón.

Me estaba molestando ya tanto *usted* para aquí y *usted* para allá, así que acabé por decir:

—Coño, pero si a ustedes lo único que les falta es ponerse a bailar un minué.

Yo creí que ahora sí se quedaba a almorzar con nosotros para no hacerle a Gladys ese feo, pero no hubo modo de convencerlo. Dijo que volvería, que no fuéramos hasta la puerta a despedirlo, que eso traía mala suerte. Gladys se asomó un momento a la ventana para verlo marcharse como quien ve partir a un ser muy querido hacia un destino incierto.

—Coño, eso sí que es amor del bueno —dije yo para molestarla—. ¡A primera vista!

Ella me miró un largo rato a los ojos como si necesitara estudiarlos para comprender lo que me pasaba, y dijo entonces colérica:

—Te puedes ir a la mismísima mierda, ¿sabes? ¿Para eso es que te emborrachas, chico?

Luego se enfurruñó conmigo y estuvo todo el día enfurruñada. Yo creía que se le pasaría pronto porque durante el almuerzo parecía estar bien, pero le duró su par de días. ¡Nada, que también las mujeres tienen sus pulgas y es mejor no buscárselas!

Fico no volvió por la casa. Desde entonces no ha vuelto a poner un pie en la casa, a pesar de que nos hemos cruzado un par de veces en la calle. A su madre también he vuelto a verla nuevamente. Hoy mismo ha estado a verme por su cuenta —según dijo— para ver si yo podía conseguirle a Fico algún trabajo, cualquier cosa que fuera, *ahora que ya cumplió*. Insistió en que no era fácil para un recluso, aunque hubiera cumplido y todo eso, conseguir empleo. Yo sabía que Fico era bueno con las manos —eso dijo—. ¡Hasta carpintería fina! Y no quiso creerme cuando le dije que se fijara bien, que ni siquiera un refrigerador teníamos en la casa.

—Un favor, Germán, se le hace hasta a los perros —dijo—. Ahora, que si no está a tu alcance... no hay nada que hacer.

Fue entonces cuando le dije lo del refrigerador, pero ella no quiso creerme.

—Al menos, televisor *ya* no te falta...

—Cualquiera tiene un televisor hoy día, Fefa.

Ella debió de pensar seguramente que aquello tampoco era exacto. (Ella misma no lo tenía). Pero se limitó a sonreír con aquella sonrisa que no dejaba de ser una mueca en su rostro.

Me dio rabia, tener que andarle dando explicaciones que no explicaban nada a la larga, menos el hecho de que ella se encontrara allí pidiéndome ayudar a Fico. Y fue entonces cuando decidí mentirle:

—Váyase tranquila —le dije—. Le prometo hablar con un amigo que está bien situado y se mueve entre *los pinchos*. —Pensaba en Emilio, pero no se lo dije—. Él a lo mejor consigue hacer algo.

Oscarito, el más fiñe, entró en ese instante en la habitación vistiendo sus pantalones verde olivo que Gladys le había terminado esta misma tarde, de unos pantalones viejos de cuando pasé por el ejército.

—*Un, do, té*, papi, mira... *Un do, té*..., mira, papi, mira...

Estoy seguro de que no se marchó tranquila —puedo incluso apostarlo—, pero se despidió diciendo que me quedaría agradecida por lo que hiciera por su hijo. Miró al niño antes de marcharse como si fuera a acariciarle la cabeza, pero no lo hizo.

Cuando se fue me quedé solo frente a esta botella, bebiendo un trago tras otro. De repente me di cuenta de haber envejecido así de golpe, como si los años me cayeran encima inesperadamente. Su visita me recordó a la vieja, y me acordó a mi hermano Alberto, y me acordó de Fico cuando los dos éramos muchachos. Entonces éramos como uña y carne: inseparables. Desde la primaria pertenecimos siempre al mismo grupo. Lo que pasó años después, ya en la secundaria, acabó con eso, y con todo. ¡Lo que pasó...! ¿Y qué fue lo que pasó? Algo tan necio, ¡tan pueril! que no es ni para contarse y seguiría olvidado como hasta ahora, si no fuera porque de repente, aquí está Fico como un resucitado con el que no habíamos contado.

De aquello que pasó, ¿quién en su sano juicio iba a acordarse? ¿O a andar acordándose porque sí? El recuerdo más nítido que conservo de aquel día —no sabría decir porqué— es la calva sudorosa del profesor de Matemáticas, expuesta a la resolana insoportable del medio día. Y la sensación insoportable del sol cayendo a plomo sobre nuestras cabezas descubiertas, inmóviles como estábamos obligados a permanecer en la formación. A mi lado, Fico dijo de pronto en un susurro que se podría freír un huevo grande sobre la calva del profesor de Matemáticas, y nos aguantamos las risas con una mímica de recursos aprendidos para tales ocasiones. No queriendo ser menos, el mulo Frank dijo que hacía sol como para poner a secar mierda en una plancha de zinc.

A causa de un sistema de rotación que nos comprometía a todos, al frente del pelotón se encontraba Emilio, quien, sin despegar los labios nos indicaba callar del mejor modo que podía hacerlo. Algo de aquella invitación al desorden que intentaba contener el jefe del pelotón intuyó el quemado de *Elepevé* —como llamábamos entre nosotros al Instructor Militar— que era allí la autoridad absoluta, y colocándose frente a él le preguntó su nombre completo y su número de recluta (que sin dudas no necesitaba preguntar) y terminó por darle no sé cuántos reportes por cosas de las que Emilio no podía ser responsable. Cargando con su corcova a la espalda —por la cual lo llamábamos *El Jorobado de Nuestra Señora*— Emilio intentaba adoptar una pose militar que correspondiera a las exigencias que le formulaba *Elepevé* mientras nosotros observábamos de qué manera el rostro demudado y sudoroso de Emilio parecía afilarse comenzando por la nariz. Finalmente, aceptando el hecho de que la joroba del recluta conseguía vencerlo, *Elepevé* se apartó de él, no sin antes infligirle una humillación más a él y a todos los que como él carecieran de *disposición combativa*.

—Usted no llegará nunca a ser un verdadero combatiente, *elemento*. Convénzase de que para eso le faltan muchas cosas, empezando por la voluntad de vencer.

Emilio, entre tanto, permanecía en su puesto y toda su voluntad estaba ahora concentrada en impedir que las lágrimas fueran a asomarle a los ojos. Fue en ese momento, cuando acababa la perorata de siempre, ya todo indicaba que comenzaríamos a cantar el Himno, que ocurrió lo imprevisto. Todos los que estábamos alrededor de Fico en la formación sabíamos enseguida de donde provenía aquel ruido, no sólo porque supiéramos de las ventosidades del guajiro, sino porque alrededor suyo se había creado una atmósfera enrarecida que tuvo el efecto de lograr lo que ni el sol sobre nuestras cabezas. En torno suyo se produjo de repente una dispersión masiva que en vano trataban de controlar la imponente figura de *Elepevé*, el director del Centro y los demás profesores. Fico no se movió un milímetro. Nunca sabré si en un acto de provocación o de absoluta inocencia. No creo que él tampoco lo supiera entonces, y lo más probable es que siga sin saberlo.

—¿Qué pasa, *compañeros*?... ¿Que no hay *compañerismo* entre nosotros?... —dijo entonces con sarcasmo, cuando ya todas las miradas dirigidas hacia él lo denunciaban.

—¡Arrea derechito para la Dirección, anda! —dijo entonces *Elepevé*, colocándose finalmente a su lado, e intentando conducirlo por delante. Pero Fico, rápido, evitó el contacto de sus manos con un franco gesto de desafío.

—Usted a mí no me toca —dijo, a modo de advertencia—. Yo sé muy bien donde queda la Dirección. Y *arrea* nada más que se les dice a los animales.

Por un instante apenas, todos debimos sentir que Fico nos vengaba del *profe* de Educación Física y del director y de todos los profesores del mundo, porque una salva cerrada de aplausos lo despidió. Él ni siquiera se volvió a mirar para nosotros, como si le pareciera insuficiente aquel tributo. Emilio, a punto de llorar, pedía permiso para ir al baño:

—Pido permiso para hacer una necesidad fisiológica de primer orden —dijo, aún en medio de la confusión reinante.

—Foor- mmeen filas! —ordenó la voz airada del director, inmediatamente obedecida, ignorando la súplica de Emilio.

Ese mismo día, por la tarde, una corte militar reunida en sesión para este fin, determinó la expulsión de *los cabecillas* de aquel *acto de insubordinación* —nombre que *Elepevé* y los demás dieron a la desbandada ocasionada por el peo de Fico—. Entre *los cabecillas* se encontraban por igual El Mulo Frank y Alexis Ginesterra, un tipo tranquilo cuyo única transgresión fuera la de ser el primero en moverse de su puesto en la formación. La carta de expulsión estaba dirigida al *Comité de Reclutamiento Militar Obligatorio*, enumerando las causas. Para Fico, sin embargo, se reservó la peor parte. Lo acusaron de ofensa intencional a la bandera, al rango militar, a los símbolos patrios y a no sé qué retahíla de cosas imperdonables todas. El juicio se celebró en la misma escuela, a donde lo trajeron de vuelta en un carro cerrado, y estuvo presidida por oficiales de verdad. *Elepevé* fue el principal testigo de la acusación. El abogado de la defensa, un teniente revijio de pistolón al cinto, pidió severidad y dijo que su defendido no merecía más calificativos que los de traidor y contrarrevolucionario. Durante todo el juicio, el profesor de Matemáticas se pasó el pañuelo por la calva sudorosa, y ya casi al final se puso de pie y comenzó a delirar con voz atronadora en busca de una ecuación imposible. El juicio continuó después de un breve paréntesis en que se ordenó a dos militares conducirlo fuera.

Cuando terminó el juicio nos sentimos todos aliviados. Olvidábamos casi por qué estábamos allí. Nos sentimos contentos de que todo aquello hubiera terminado de una vez. Incluso la formación al sol nos pareció más tolerable esta vez. (A *Elepevé*, lo veíamos pasear orondo su cuerpo elástico y musculoso, y sus grados de oficial, entre los hombros pelados del director y los demás profesores —dirigiéndose a todos en confianza— consciente de que allí era él quien de verdad era importante). A Fico lo perdimos de vista, lo mismo que al profe de Matemáticas. Ahora también a *Elepevé* lo hemos perdido de vista como si se disipara, como si de verdad ni él ni nada hubiera sido. Porque esos años casi los hemos olvidado. Si me preguntan no estoy seguro de que nada de eso haya pasado. Y si no fuera por Fico que se empecina en estar, a pesar de que Alberto y la vieja ya están muertos, a lo mejor conseguiría olvidarlos del todo. Porque no hay quien viva de este modo ni con semejantes recuerdos. Pregúntenle si no a Emilio que está por llegar de un momento a otro, si él se acuerda de aquello. Verán que él tampoco se acuerda de nada. Verán.

—Lo que pasa es que has cogido *una curda* tú solo, Germán. ¡Y qué *curda*! —dirá—. Yo tampoco me acuerdo. Nadie se acuerda de nada. Es que no hay nada de que acordarse. ¡No ha pasado nada! ¿De qué íbamos a acordarnos tú y yo? ¡A ver! Pregúntenle a él, para que vean.

Fico's Flaw

How long has it been since all that happened? Twelve or thirteen years at least. A long time ago, anyway! I had almost forgotten all about it until Fico reappeared. When I first saw him, I couldn't place his face. (Probably he couldn't place mine either.) How was I supposed to recognize him? He didn't look anything like I remembered him. He came to say hello to my mother and mistook me for my brother, Alberto.

"Hi, Alberto. You probably don't remember me. I'm Fico Medina, Octavio and Fefa's son."

What could I possibly say to him? I mean, how was I supposed to answer?

"Alberto was killed in Angola," I said.

He moved his hand over his shaved head as if he were taking off a hat. He continued being the respectful farm boy as always. The news seemed to really affect him.

"Come on now, Fico. You mean you haven't recognized me yet?"

As he stood there pausing, he seemed to not want to remember who I was. I'm certain that for some reason he didn't want to recognize me.

"Herman...?"

"That's right. Sure as I'm standing here."

We shook hands.

"Come on in. Let me offer you some rum."

But he didn't want to come in or have a drink with me either. He said he hadn't taken a drink in years and he was in a hurry. He promised to stop by some other time.

"Maybe tomorrow," he said, to say hello to my mother, who had always remembered him, just like Alberto had.

"My mother passed away too, she never got over the loss of my brother. We buried her just last week."

Hearing this, Fico burst into tears. And what was I supposed to do? Nothing, I told myself. Everybody has a soft spot. Even me, and I'm pretty tough! We embraced like life-long brothers. Later, I offered him a toast.

"To your health! What else is there to drink to? As long as you can keep it," I said.

At one time we were very close. Of course, nobody remembers that now. But back then; we were the best of friends. We went everywhere together and spent the day from morning to night in each other's company. We got engaged at about the same time and our mothers were very friendly with each other, exchanging visits and favors all the time. But hey, what happened, happened. You know what time and distance can do. It was nobody's fault. Nothing's ever the fault of anybody... but time... and distance... and what happened...

"Alberto was really a terrific guy," he said, as if not being able to resign himself to the fact that my brother was dead and buried. "A really good person! People like that are hard to find these days! Getting letters from him as well as letters from your mother was as important as getting letters from my own mother, Herman."

I insisted that he stay and have lunch with us but he didn't want to. I thought he would stay because he really hit it off with the kids, and they went nuts over him. Can you picture it? A grown up guy looking nothing like a kid, stretched out on the floor with the children and playing with them like he was one of them. Perhaps to humor me, he asked me for a drink of water.

"No ice, Herman!" he said. "I like it just the way it comes out of the ground."

I had to laugh at his seeming joke. I asked myself where he could have gotten the idea that we had a freezer. Then I remembered that back when we were both little and my father still had the butcher shop, we had an enormous, three-door Westinghouse where mother used to keep the neighbors' meat.

Fico drank the water down in one gulp. He didn't thank me because he said water belonged to everybody. He raised the glass of water up in front of his eyes before drinking, as if looking through it; then tilted his forehead slightly until it touched the glass, then drank from it. He replaced it on the saucer and handed it back to me.

"I'm not thanking you for the water because one shouldn't do that."

He didn't say goodbye when he left either, because he claimed this would bring bad luck. He said that he would drop in on us again real soon, now that he had served out his sentence. It had been a really long time, twelve or thirteen years I think he said. I'm not quite sure how many. I swear that when I saw him I couldn't recognize him. But it was him all right. I was the one who couldn't do the recognizing.

We weren't talking at all about what happened. It seemed as if he didn't want to remember. So not a word was mentioned about it, except that he had done his time. But it seemed like he was speaking of nothing else. His whole body, every one of his gestures and even his long, reticent silences spoke for him.

"I know exactly why you came, Fico," I said to him, finally.

He seemed troubled by my comment, or pretended to be.

"Just to say hello, Herman, and to express my thanks to your deceased mother and deceased brother,

Alberto, for not forgetting about me. Since neither of them are here, I extend them to you and your children."

"Don't give me that line, pal. Who knows what sorts of betrayals you've come to remind me about, maybe even rub in my face."

"Come on, Herman, stop it. Who said anything about betrayal?"

"Then why are you here?"

I've never been fond of teetotalers. Any man who can't let himself share a drink with another is a hopeless case. You can't trust somebody like that, but Fico finally gave in to drinking a glass of rum. He downed it the same way he drank the glass of water, in one gulp. He left a little in the glass "for the orishas[4]," he said. He had become a believer while in prison, or the spiritual ideas that he already had when they locked him up had really sunk in. He went out back to toss what remained on the ground in a corner of the patio. He was tipsy, but not drunk.

"Forget about it, Herman. The past is over and done with. It was nobody's fault, just bad luck, or maybe destiny, even. What do I know?"

It seemed for a brief moment that he was going to tell me about those years, but just then Gladys appeared with our youngest child and mentioned that Emilio was about to arrive.

"Fico, I'd like you to meet Gladys, my wife."

He made a good impression on her from the start.

Addressing him she said, "For me, I feel like I've known you all my life. I have to tell you, Mr. Medina,

---

[4] The *saints* of the Santería religion, a Cuban blending of Catholicism and African deities, practiced by many throughout the country and even outside Cuba, both Cubans and non Cubans.

that my late mother-in-law," crossing herself as she said this, "could hardly stop talking about you."

Fico stifled the tears he was about to shed with another glass of rum, and Gladys, perhaps taking notice, couldn't avoid crying herself.

Wiping away her tears she said, "I'll get the two of you some coffee."

"Don't go out of your way for me ma'am," said Fico who was planning to leave. "I gave up coffee and cigarettes years ago."

"I just wish I could do the same!" exclaimed Gladys, not picking up on his hint about leaving. "This household doesn't earn enough to always be able to buy coffee when it's available. Hey, what about lunch? Why don't you stay and have lunch with us, Mr. Medina. It may not be much, but you're welcome to what we have."

The insistent use of formal address between Fico and my wife bothered me so much that I had to speak up.

"Damn, the next thing you two will do is start dancing a minuet."

I figured that now he was sure to stay and have lunch with us just so Gladys wouldn't feel put off, but there was no way to convince him. He said he would drop by again sometime, but that we didn't need to see him to the door, since that brought bad luck. Gladys went to the window to watch him leave, like a person who watches the departure of a loved one headed toward an uncertain destination.

"Well, if that wasn't love at first sight," I said, just to bug her.

She looked directly into my eyes for quite a while, seemingly trying to understand what made me act like this, and then spoke up angrily.

"You can go straight to hell, you know! So this is why you like getting drunk, is it?"

From then on she was cross at me and spent the whole day in a snit. I thought she would get right over it, because she seemed fine during our lunch, but it went on for a couple of days. So no big deal, women can get bent out of shape too, sometimes, and it's best not to go looking for trouble at times like that.

Fico never did make it back to our house. Since then he has never set foot in it, even though we bumped into each other a couple of times on the street. I've seen his mother, though. She came by to see me today on her own, according to her, to see if I could get Fico a job, doing any kind of work available, now that he had served his time. She went on about how it wasn't easy for an ex-convict, even if he'd served out his time and everything, to get a job. She said I should already know Fico was good with his hands, and could even do fine carpentry work. Of course she didn't want to believe me when I told her to see for herself; we really didn't have a refrigerator anywhere in the house.

"A favor isn't a big thing to ask, Herman," she said. "Now if it's that you **can't** do it… then that's the way it is."

That's when I told her about the refrigerator, but she didn't want to believe me.

"Well, you do have a television, don't you?"

"Everybody has a television these days, Fefa."

She surely must have thought that that wasn't exactly true either. (She herself didn't have one.) But she kept on smiling with that grin that never stopped being a grimace on her face.

It made me angry that I had to go on explaining things to her that in the end didn't explain anything, not to mention the fact that there she was asking me to help Fico. That's when I decided to lie to her.

"Don't be too upset about all this," I told her. "I promise you I'll speak to a well connected friend who moves in high Party circles." I was thinking of Emilio, but didn't mention this to her. "He will probably be able to do something."

Little Oscar, our youngest, came into the room at that moment dressed in olive green trousers that Gladys had just finished making that morning out of an old pair of army fatigues of mine that were left over from when I was in the service.

"One, two, three, Daddy look... One, two, three...look, Daddy look."

I'm sure Fico's mother was still upset when she left, (I would even bet on it) but she managed to say goodbye and mentioned she would be grateful for anything that I could do for her son. She looked at the boy before leaving as if she were about to caress his head, but didn't.

When she left I was alone with a bottle of rum, downing one drink after another. Suddenly I realized that just like that, I had grown old, the years seemed to crash down on me unexpectedly. Her visit had me remembering my mother and my brother Alberto, as well as Fico, when the two of us were boys. We were always part of the same group of friends ever since elementary school. Years later in high school, something happened to put an end to all that, and to everything. Just what did happen, exactly? Something so foolish, so childish! It wouldn't even be worth mentioning and would have remained forgotten, if it weren't for the fact that out of nowhere, Fico appeared, like someone brought back from the dead.

Who in their right mind would remember anything about what happened? What's the point of anyone living on and still remembering it? Oddly enough, what I remember most about that day, (I don't know why) is the bald head of our mathematics teacher sweating under the unrelenting heat of the noonday sun, and the unbearable sensation of the sun's heat beating down so harshly on all our heads as we were forced to remain in perfect military formation. Beside me, Fico, out of nowhere, whispered that you could fry a large egg on the math teacher's shiny dome, and we stifled our laughter using the pantomimed gestures we'd learned just for these occasions. Then Frank, nicknamed the Mule, not wanting to be outdone, commented that this was the kind of day you could dry turds on a hot, tin roof.

Meanwhile, Emilio, who, because it just so happened that it was his turn to occupy the position we all had to rotate through, stood at the front of our platoon, and ordered us to shut up, trying his best as he did this, not to move his lips. The touched-in-the-head gym teacher we called "LPV[5]" intuited something of that invitation to disorder that our platoon leader was trying to contain. He came right up to Emilio and demanded to know his name and military number, two things there was absolutely no need to ask, and ended up citing him for who knows how many infractions that Emilio couldn't possibly have been responsible for. Burdened by his badly curved spine, for which we nick named him "The Hunchback of Notre Dame," Emilio struggled to assume the straight military posture that LPV was demanding of him; the rest of us could see this in his

---

[5] Acronym for «*Listo Para Vencer*», a phrase meaning, "always ready to conquer," and used often as part of the political rhetoric of the Castro regime.

sweaty face that seemed to contort into a straight razor sharpness beginning with his nose. Finally, accepting the fact that the recruit's hunched back had defeated him, LPV walked away from him, but not before first inflicting one more humiliation on him and all of us who lacked fighting spirit.

"You'll never become a real fighter, private. Face it. You just don't have what it takes; you've got no will to conquer."

Emilio, however, remained in his place and mustered all his will to keep the tears from coming to his eyes. Then, with the usual harangue coming to an end, and just when we were all set to start singing the national anthem, the unexpected happened. All of us in formation close to Fico knew immediately where the sound came from, not only because we were already familiar with the farm boy's gassiness, but also because of the cloud of foul air that formed around him. It had the effect of accomplishing what not even the sun beating down on our heads was able to do. There was a sudden, massive dispersion of students away from him that not even the imposing figure of LPV nor the director nor any of the other teachers was able to control. Meanwhile, Fico stayed right in his place and didn't even flinch. I will never know if this was a provocative act on his part or simply an example of his absolute innocence. I don't think that he knew which it was either, back then, and most probably he still doesn't know.

"What's wrong, comrades? Isn't there supposed to be solidarity among us?" he said sarcastically. By now, all the looks directed at him had given him away.

"Move your butt up to the Director's office right this instant," demanded LPV as he moved to Fico's side, fully intending to push him along his way. But Fico, in a frank gesture of defiance, brushed the teacher's hands away.

"Don't you dare touch me," he said as a warning. "I know full well where the Director's office is. And you only say 'move your butt' to animals."

For a brief moment we must have felt that Fico was retaliating for all of us against the gym teacher, the Director and all the teachers in the world, because a short salvo of applause saw him off. He didn't even turn around to acknowledge us, perhaps thinking the tribute too inadequate. Emilio, on the verge of tears, asked permission to go to the bathroom.

"I would like to ask permission to perform an urgent physiologic necessity," he said in the middle of the still reigning confusion.

Ignoring Emilio's request, the Director called out the order, "Fa-all in!" with a voice so enraged it was immediately obeyed.

The afternoon of that same day, a "military court" held in the Director's office decided to expel the "ringleaders" of the "act of insubordination," the wording LPV and the other teachers used to describe the disturbance caused by Fico's fart. Charged with being the "ringleaders" were Frank the mule, and Alexis Ginesterra, a quiet guy whose only fault was being the first one to leave his place in formation. The letter of expulsion listing the reasons was addressed to the Committee for Obligatory Military Recruiting. But Fico got the worst of it. They accused him of intentionally dishonoring the country's flag, military spirit and the nation's symbols and who knows what other set of unpardonable acts. The "court" was convened at the school, like I already mentioned, in the Director's office to which Fico was transported back using a government van, and was presided over by genuine officials of the

State. LPV was the principle witness for the prosecution. The defense attorney, a lieutenant of slight build with a huge gun at his waist, asked for a severe sentence, saying his defendant deserved being labeled a traitor and counterrevolutionary. Throughout the whole proceedings the mathematics teacher kept wiping the sweat from his bald head with his handkerchief, and near the end of the trial he abruptly stood up and in a thundering voice babbled on about the solution of some impossible equation. The trial continued after the brief parenthesis in which two military policemen were ordered to lead him out of the courtroom.

All of us felt relieved when the trial ended. We had almost forgotten why we were there in the first place, and were happy that everything was finally over. Even lining up in the hot sunlight seemed more tolerable the next time. We watched LPV proudly march his lithe, muscular body around. The officer's epaulets that graced his shoulders stood out in contrast to the unadorned shoulders of the Director and the other teachers. Acting so self-assured, he was feeling so much the really important person around there. We lost track of Fico. We've even lost track of LPV. It's as if he had vanished into thin air or that neither he nor anything back then had ever really existed. We have practically forgotten those years. When I'm asked, I can't be sure if any of those things actually happened. If it hadn't been for Fico's insistence on rematerializing, even after Alberto and my mother were quite dead, I probably would have forgotten everything. This is no way for a person to live, having these kinds of memories. Go ask Emilio, who should be dropping by here any minute now, if that's not the case. I'll bet you he doesn't remember either. You'll see.

"It seems like you got pretty drunk on your own, Herman. You really are shit faced!" he will say. "I don't remember anything either. Nobody remembers a thing. That's because there's just nothing to remember. Nothing's happened!

Go ahead and ask him. You'll see.

Aquí, y hoy mismo

¡Muévanse! Muévanse! AQUÍ no se pueden quedar. ¡Conque moviéndose! ¿Sus papeles, compañero? ¡Papeles!... Ya lo oyeron todos, compañeros. TERMINAL GANADORA DE LA EMULACIÓN NACIONAL (Esa tela un poco más alta. Un poco más arriba, compañeros). BIENVENIDO COMPAÑERO PRESIDENTE DE MÉXICO ¡Muévanse! ¡Muévanse! Nuestro tren debe salir en dos horas, compañeros, y tenemos niños, dos niños pequeños como ustedes pueden ver. AQUÍ no hacemos excepciones, compañera. ¡Las órdenes se cumplen, no se discuten! Pero ¿qué podemos hacer nosotros, compañeros..., con dos niños pequeños... y el equipaje... Nosotros somos del interior, usted sabe, y nuestro tren debe salir en... ¿Usted no entiende español, compañera, o qué idioma habla? Sí, compañero, claro que sí entiendo... Mire, no se ponga *bravo*. Entonces obedezca, y no hay problema. ¿Su esposo? Sí, compañero, mi esposo. ¿Usted es el esposo, o no? Sí, el esposo. Entonces, ya nos ha oído. ¡Conque andando, que andando se quita el frío! MÁS FIRMES Y DECIDIDOS QUE NUNCA Mire, compañero, ya mi esposa le ha explicado... ¡Oye, ustedes al parecer no entienden lo que se les dice! Entendemos lo que se nos dice, compañero. Lo que ustedes tienen que entender es que nosotros estamos AQUÍ para coger un tren. ¡Esto es un abuso, la verdad! ¡Cárguenme a ése que dijo ahí que esto era un abuso! VIVA LA AMISTAD ENTRE NUESTROS DOS PUEBLOS Miren bien, compañeros, tenemos órdenes estrictas de desalojar el local. Ésas son las órdenes y no queremos protestas ni nada por el estilo. Contamos con *la conciencia revolucionaria* de todos ustedes. AVANZANDO POR LA SENDA VICTORIOSA DEL MARXISMO- LENINISMO No podemos hacer excepciones. COMANDANTE EN JEFE, ORDENE. Esto es sin privilegios para nadie, como debe ser. Ya lo has oído, vieja, vámonos de AQUÍ con la música a otra parte. ANTE LAS DIFICULTADES NI QUEJAS NI LAMENTACIONES: ¡TRABAJO! (Y encima de todo mira cómo se gasta pintura por gusto). Pero compañeros, ¿adónde vamos a ir con los niños...? ¡Chica, ya está bueno de dar coba! ¡Vámonos de AQUI, anda! Oiga, ciudadano, cómo fue que dijo. NADA HAY MAS IMPORTANTE QUE UN NIÑO- FIDEL Nada, no dije nada, compañero. ¡Oiga, le he preguntado! Aqui-estubo-diesisei-dia-el-balbaro-de-Santaclara-pa-cogel-un-tren-Nobiembre-25-de-1969 ¡Es una orden, ciudadano! GANAMOS LA EMULACION SOCIALISTA ¡Nada, compañero, le digo, que no dije nada! A GANAR LA BATALLA DEL SEXTO GRADO TODOS A CUMPLIR CON FIDEL ¡Óigame, le he dado una orden! Y yo le digo que no dije nada, teniente. ¡Qué orden, ni orden! Yo estoy muy crecido ya para órdenes. Esto es un abuso, y bien. ¡Un abuso! ¡Y una arbitrariedad! ¡Ay, viejo, por favor, cálmate! ¡No, compañero, por favor, mire lo que pasa es que mi esposo...! Ésa es la mujer. Lo siento, compañera, pero su esposo tendrá que acompañarnos. ¡Ay, compañero, es que somos del interior! Nada, chica, llama a tu hermana. Le dices que tienes que quedarte allá hasta que esto se arregle. Coge una máquina de alquiler hasta la casa. No te preocupes. ¡Tú ven con nosotros, anda! TODOS A RECIBIR AL COMPAÑERO PESIDENTE DE MÉXICO Coño, pero esto es un verdadero atropello, luego dicen de antes... A ése también me lo montan. Y a todo el que hable ahí me lo cargan, que hay puestos para todos. VIVA CUBA - VIVA MÉXICO

—¡Ay, mi hermanita, qué miedo tengo! ¡Y mira que le dije que no fuera a decir nada, que AQUÍ lo que hay es que callarse, bueno, tú me entiendes lo que quiero decir... ¿no?... ¡vaya, que AQUÍ lo que hay es que estar consciente! Pero tú sabes cómo son las cosas y entonces se lo llevaron, dice que ahorita lo sueltan que no me preocupe, pero cómo no voy a preocuparme, mi hermana, y ya ha pasado más de una hora y ya seguro que perdemos el tren. A la verdad, yo no sé qué te diga... Eso de que lo mejor es vivir AQUI en La Habana, como tú dices. Claro, mi hermana. ¡AQUÍ, está todo! Lo demás es bobería. El desarrollo llegará a todas partes, pero a mí que conozco el campo... A ti nunca te gustó vivir en la provincia, mi hermana. Si hasta le dices el campo, como dicen AQUÍ. ¡Ay, no, mi hermana! El campo será muy bonito, desde lejos, (verlo de bien lejos, de día y con mucha luz) pero se lo dejo a los guajiros y a los pájaros. ¡Lo que soy yo, en ésa no me apunto! Naturalmente, a los trabajos productivos y a esas cosas sí que hay que ir, para dar nuestro aporte, pero vivir otra vez en el monte... ¡Interpreto tu silencio, mi hermana! ¡Ay Mechi, vieja, si me hubieras hecho caso a tiempo! Pero qué va, con ese marido tuyo tan testarudo... Aunque a lo mejor todavía están a tiempo, si se deciden a lo mejor podíamos echarle una mano. Olvídate, Mechi, en este país La Habana es el punto de contacto con el mundo. Tiene que haber una puerta en algún lugar, y AQUÍ está esa puerta. Por mí, mientras más cerca, mejor. Rezagos de una, tú sabes. ¡Qué se le va a hacer? Y por tu marido no te preocupes más, que ahora mismo llamo a César de nuevo. Lo que pasó es que Andrés se encontró con *un cuadrado*, hija. Sí, de que los hay los hay. Tú sabes muy bien, mi hermanita, que Andrés es un hombre muy trabajador, y muy consciente. Con sus resabios, y eso, pero la Revolución puede contar con él para lo que sea. Él se apuntó para lo de la Brigada Internacionalista de la Construcción, y todo. ¡Naturalmente, Mechi! ¿Si no cómo iba a estar casado con una hermana de mi propia sangre? Porque la Revolución es ante todo. No te preocupes, César lo arregla enseguida. Y lo del tren olvídate: les resolvemos un pasaje de administración. Se quedan hoy con nosotros y se van mañana después de mediodía. César vive para la Revolución. Día y noche. Casi no tiene descanso. Y una tampoco. Es como si los dos estuviéramos casados con la Revolución. Y luego están los muchachos. Aunque Mabel es una gran ayuda, ¡no creas! Viene dos o tres veces por semana a hacerme la limpieza de la casa. Yo no tengo tiempo de nada. Ni siquiera de sacar los mandados de la bodega, y eso que en los bajos del edificio nos han instalado un mercadito. Mabel se encarga de casi todo lo de esta casa. Es una compañera muy revolucionaria, por supuesto, pero por su nivel de escolaridad no puede hacer otro tipo de trabajo. ¡Y mira que le damos para que se supere! Pero ella dice que los estudios no le entran ya en la cabeza, que está muy vieja para eso. De manera que ella nos ayuda a nosotros y nosotros la ayudamos a ella. ¡Es un verdadero amor!

Sí, compañero, ¿puede darme con el capitán Sánchez Irizarri, por favor? Sí, de su esposa. Ángel, ¿cómo tú estás, compañero? ¡Qué placer, viejo! Sí, me da mucho gusto. No, no te reconocía. Sí, por favor. Gracias, Ángel. Hasta luego, y gracias. Oye, viejo... Sí, claro, quién más podía ser. No, no voy a hablar mucho. Te dejé un recado. Ya sé que estás muy ocupado, César. Sí. Sí. No mira, como tú sabes aquí está mi hermana con los muchachos. No, César. Lo detuvieron. No, tenía todos los documentos. Sí, también el carné de identidad. Parece que discutió algo. Sí, ya tú lo conoces. ¡No, oye, hay que ver eso! El oficial pudo haberse excedido. Tú conoces a mi hermana. Su marido es un buen revolucionario. Un poco terco, por eso no ha podido entrar en el Partido todavía, pero la Revolución puede contar con él. Se ofreció voluntario para las Brigadas Internacionalistas de la Construcción. Los dos son buenos revolucionarios. Bueno, viejo, averigua bien eso. ¿Tú me llamas entonces? Bueno, chau. ¿No ves? Te lo decía, mi hermanita. Las cosas... con calma... ¡Todo se resuelve! En este país no hay problema que no se resuelva cuando queremos. Me llama en un rato. Verás que nos lo traen a la puerta. Boba, no llores, Mechita... Ven, que te voy a enseñar una blusita que es un sueño. Si se quedan unos días más te llevo para que te compres algo tú también. No, vieja, por la libreta no tienes que preocuparte. Va a ser un regalo mío. ¡Un sueño, Lidia! ¡Un verdadero sueño! Seda china, mi hermanita. Ése debe ser César. Despreocúpate, Mechita, que enseguida se arregla todo. ¡Ah, compañera! ¿Qué tal? No, esperando una llamada de César. Creía que usted lo veía más a menudo que yo... De ningún modo, compañera. Inconveniente ninguno. Naturalmente que puedes llamarlo a él directamente si quieres. Claro que como está tan ocupado no creo que se ponga al teléfono, pero podrías dejarle algún recado en la carpeta. Si hablas con Ángel, puedes decirle que llamas de mi parte. No, no hay de qué, compañera. Seguro nos vemos en la movilización. Claro que voy, compañera, eso ni se pregunta. Yo siempre tengo mi machete afilado. Hasta la vista, compañera. Adiós. (Qué otra te compre, hipócrita, con tus llamaditas y tu veneno, que lo que es a mí, no me la das). Luego te cuento, Mechi. Luego te cuento. No creas que todo es un oasis como parece a primera vista... Ése sí debe ser César. Óigooo. No sé, hijo, algo en la línea. Adivina quién era. ¿Tono? ¿Qué tono, hijo? Naturalmente que era ella. Bueno, eso lo dejamos para otro momento. Bueno, ahora vamos al grano, César. Pero eso no es ninguna respuesta. Naturalmente que te entiendo, viejo, pero... Que tú me llamas en cuánto tengas noticias. Está bien, se lo diré. Y no me moveré del lado del teléfono. Chau.

No es que César no quiera hacer nada, Mechita, pero tú tienes que comprender como son estas cosas. Naturalmente, tiene mucho trabajo con eso de la visita del presidente de México, y a la verdad que hay que redoblar la vigilancia con tantos indeseables como quedan AQUÍ todavía. ¡Como si en este país las cosas no hubieran cambiado! ¡Tú no sabes! No podemos andarnos con paños tibios de ninguna clase. Es mucha la responsabilidad. Tú no sabes bien cómo se ha puesto ESTO de hace unos años para acá. Las contradicciones se agudizan. Abundan los rezagados de todo tipo. Gente que no quiere acostumbrarse a la idea de que en ESTE PAÍS ha habido una Revolución, hija. Para que te enteres: AQUÍ mismo, han robado un apartamento a pleno medio día. Y tú sabes que éste es un barrio donde nada más viven compañeros del Ministerio. Sí. César trabajó muy duro AQUÍ, en una micro-brigada. No, Mechi, ya el otro apartamento era demasiado pequeño para nosotros cuatro. Rafaelito va a cumplir los seis, y su hermana tiene trece. Claro, vieja, hay que ir pensando en los quince de la niña. El otro apartamento no era bueno para eso. A César esas cosas le pasan por delante, pero si no le celebro los quince de la hija es capaz hasta de divorciarse. Con la locura que tiene por su hija. Por eso también, es que hay que preocuparse, Mechi. Estar alertas y con los ojos muy abiertos. Día y noche. No vaya a ser que venga un degenerado a perjudicar a la chiquita de uno después de haberse jeringado una tanto para criarla. Para que sean hombres nuevos el día de mañana. Tú sabes bien lo que es eso, porque tú también tienes hijos. AQUÍ todos estamos muy preocupados con la situación. No quiero alarmarte ni cosa que se le parezca... (César se pasa el tiempo diciéndome que no vaya a comentar nada con nadie, ni siquiera con las demás compañeras del edificio, pero tú sabes cómo son esas cosas). No es que una sea inconsciente, ni nada de eso. No hay que ir a los periódicos y que los enemigos se aprovechen para desprestigiar a la Revolución, pero estas cosas tarde o temprano se saben cuando ocurren. No tienes que ir más lejos. Hace apenas una semana que en la misma escalera de una casa de Neptuno apareció el cadáver de una señora de setenta años. ¡Peor, hija! Violada y apuñalada. El móvil parece haber sido el robo. Un retiro de sesenta pesos mensuales. Un relojito y una cadena de oro. Alguna vajilla buena, y prendas... ¿Y dónde me dejas tú todas esas chiquillas en edad escolar que se dedican a la prostitución con cualquier extranjero por una grabadora de porquería, o un pañuelo para la cabeza, y hasta por una caja de mentolados, mi hermana? ¿Y los muchachitos esos que se ven por *Coppelia*, Rampa arriba y abajo a pesar de toda nuestra vigilancia combativa? No, mi hermana, la tarea que tiene por delante la Revolución es todavía más grande que nosotros mismos, como ha dicho nuestro Comandante en Jefe. Y ESOS, corrompen a los otros. Es un círculo vicioso y tenemos que pararlo como sea. Sí, sí, ya sé que están en todas partes, pero como AQUÍ en La Habana... Si no hacemos algo pronto nos come el tiburón. Como dice César: *"no dormir, y si se duerme, con los ojos muy abiertos"*.

No, claro, Mechi. Lo de tu marido es otra cosa. Aunque tengo que decirte que Andrés se compró un pleito por gusto, y eso es también un problema de conciencia. ¡Pues haberse movido, chica, y se acabó! Hay mucha gente que se queda a dormir en las terminales por gusto. Y maricones que se la pasan dando vueltas a ver qué pueden cazar. Y puticas de dos por real, y carteristas, Mechi. ¡Hay de todo! No van de viaje a ninguna parte. Ocupando un lugar que no deben. Y se meten en las colas de las cafeterías, dos y tres veces. Haciendo bulto. ¡Pues si están locos, mi hermana, que se metan en Mazorra, que para eso tenemos el mejor hospital de locos de América Latina! ¿Qué digo yo, América Latina, Mechi, del mundo entero! Se hacen todo tipo de experimentos. Los mejores científicos del mundo socialista. César te podría contar cómo se han curado ahí gentes que no tenían arreglo. Delincuentes, pervertidos, homosexuales... Hasta enemigos acérrimos del *Proceso*, Mechi, que eso es lo más grande de esta Revolución. Hasta a los enemigos de la Revolución se los trata allí como a cualquier otro ciudadano. Un verdadero Centro de Rehabilitación Social. ¡¿A ver, por qué esa gente no va a que los traten allí, si están locos de verdad?! Y si no tienen familia, que la hagan. La mayoría de esa gente no trabaja porque no quiere trabajar. Se inventan un certificado médico, una excusa... Y eso que a los médicos también se les ha apretado la tuerca, hija, pero nada. ¡Que los coja *la ley contra la vagancia*, con certificado y todo! Y a los médicos que dan los certificados que los manden también para la agricultura. Ésa es mi consigna.

No, Mechi, mi hermanita. Por los muchachos no tienes que preocuparte. Esta noche los acomodamos en una esquinita. No te preocupes, boba. Los míos se quedan hoy con la mamá de César. Y mañana se les resuelve a ustedes una semana más en un buen hotel. No. No. No seas boba, mi hermana. Ya verás que todo se resuelve. A mamá y a papá les diremos que ustedes decidieron quedarse una semana más: extender las vacaciones, para que no comiencen a preocuparse. Los niños no tienen que empezar las clases todavía. Podemos llevarlos al Parque Lenin. Muchacha. no seas boba. Deja ya de preocuparte por él. Voy a pensar que no tienes confianza en César.

El asunto es más delicado de lo que nos pensábamos, Mechi. Andrés puede que se haya dejado llevar por malos consejos. (A lo mejor sin saberlo). César me lo ha dicho hace un rato, cuando llamó. ¿Tú no sabes nada? Entiéndeme, Mechi, mi hermanita. Es el único modo de ayudarlo, vieja. Mientras ustedes estaban en el hotel... AQUÍ en La Habana... ¿Se les acercó alguien? ¿Ofreciéndoles algo? Según César, algo hubo. Pero Andrés es más cerrado que un arado americano, como decía papá cuando éramos chiquitas. ¿Te acuerdas, Mechi? Se niega en redondo a cooperar con el interrogatorio. ¡Eso es grave, mi hermanita! ¿Tú comprendes? Como ustedes vienen del campo y no saben cómo están AQUÍ las cosas hoy en día. Uno de los tipos ha declarado que conoce a Andrés. ¡Que lo conoce bien, Mechi! Lo mejor es que hable y que lo confiese todo. César quiere que lo veas y que converses con él. Va a venir a buscarte. La Revolución es justa y le quiere dar un *chance* a tu marido, Mechi, pero si no coopera también puede ser muy severa, mi hermana. Lo peor es que esta gente se ocupaba de todo, no sólo de contrabando, sino también de otras cosas. Estaban en arreglos con administradores de empresas. (No es que te quiera asustar, mi hermana, pero guerra avisada no mata soldado). También les ofrecían visas a quienes quisieran irse del país, que los ingenuos pagaban, y después no se atrevían a denunciarlos, pero cuando el juego se les puso pesado comenzaron a darles *pasaportes* de verdad. Y en un lugar de la costa, bien escogido por esta gente... ¡Se ha descubierto un pequeño cementerio! ¿Te das cuenta de que la cosa no es de juego, mi hermana? Con llorar no se hace nada, ¿me oíste? Claro que yo soy tu hermana, por eso mismo te lo digo. Y con todo esto de la visita del presidente de México AQUÍ eso otro tiene que esperar. No es que César no pueda o no quiera ayudarte. Tú tienes que comprender la situación. Y la de tu marido. Yo no digo que Andrés sea un delincuente nato... Sí. Sí. A lo mejor. A lo mejor no está envuelto en nada de eso otro. Sí, claro, yo sé que él siempre pareció estar claro del *Proceso*. Pero entre esa gente hay hasta oficiales, Mechita. Gente ladina que se la da de muy consciente. Y en río revuelto, mi hermana, no hay quien gane. Lo que te digo, Mechita, ayúdanos con lo de tu marido, chica. Haz memoria, vieja. ¿Lo viste conversando alguna vez con alguien extraño? ¿Algo que te pareciera raro? Vamos, vieja, ayúdalo. Acuérdate, mi hermana. Su futuro, ahora depende de ti.

Bueno, tú sabes..., la familia de uno es la familia y eso, pero también una tiene sus deberes cuando se casa. Tú misma, es verdad, y no te lo critico para nada... Claro que... ¡Es tu marido, y con él tienes dos hijos, pero también está la Revolución que debe ser lo primero de todo! César me llamó otra vez para decírmelo. No es que no quiera comprometerse ni nada de eso: ¡el expediente de César es intachable! Es cuestión de principios. En mi caso, hasta cierto punto puede entenderse, pero en el de César... Después de todo, tú y César no son nada más que cuñados, y eso no es lo mismo que ser hermanos o algo así. ¡Ay, Mechita, no sabes lo que me duele decírtelo! Así es que César no puede garantizarles el hotel por más tiempo. Y yo también tengo mis obligaciones con él, entiéndeme. Como tú misma con tu marido. Es justo, ¿no? Así que lo mejor que puedes hacer es regresar a tu casa con los muchachos. A fin de cuentas ellos son los que están pasando trabajos e incomodidades fuera de su casa. ¿No les ves las caritas? Ya quieren irse para su casa con sus abuelos y sus amiguitos. No es por nada, Mechi, mi hermana, pero Andrés tiene lo que se buscó. ¿No te dan lástima los pobrecitos pasando tanto trabajo? Yo no les haría eso a mis hijos por nada del mundo. Y las clases... Pronto empezarán las clases, y esto va para largo. El juicio todavía demora, hasta que terminen las investigaciones y todo el proceso. Según César la condena va a ser muy dura. Tienes que portarte fuerte, y tener confianza en la Revolución. Después de todo tú tienes razón, en el campo la vida es más tranquila que AQUÍ. Tienes que volver, mi hermanita. Le doy otra llamadita a mamá para que te esperen en la terminal. AQUÍ tienes los pasajes. En el primer tren que salga. Es justo, mi hermanita, ¿no?

Yo sabía que tú no ibas a hacernos un feo después de todo lo que hicimos por ti y los muchachos. Incluso hasta por Andrés. Tú marido nunca tendrá cómo agradecerle a César la de dolores de cabeza que le ha dado. Sí, sí, seguro que César hará lo que se pueda. No te prometemos nada que sea imposible, pero puedes contar con la generosidad de la Revolución. Abriga bien a los muchachos en el tren. Que no se resfríen con el aire acondicionado. No, Mechi, te conseguí pasaje de administración en uno de los trenes nuevos. Esos que le compramos a la Argentina burlando el bloqueo. El viaje es más rápido y cómodo. Llegas a la casa sin estrujarte el vestido, Hay solamente unos cuántos circulando. Los tienen a prueba. Papá vendrá a esperarte a la estación, como siempre. Dicen que no te preocupes. Que no hay problemas con los muchachos. Un abrazo, mi hermanita. Claro que yo sabía que tú no me fallabas. Y ni tengo que decirte que en lo que esté a mi alcance, nada más tienes que darme un timbracito. Sí, sí se lo diré a César. Descuida. Se lo digo, chau, mi hermana. Cuídate mucho y a los niños. Abrázame a los viejos mucho, Mechita. Sí, a César que le quisiste hablar y todo eso... Bueno. No te preocupes que después de todo la familia está AQUÍ para algo. Sí. ¡Un beso, Mechita! Un beso para su tía, ¿no? Tú también. Un besote, mi hermana. Y no esperes otro año para venir. Ya sabes que AQUI siempre podremos hacer un huequito para ti y los muchachos. Ya sabes que son mis sobrinos favoritos. Un huequito y ahí se acomodan. Ya tú sabes el dicho ése de que la vida es un hueco... Abur, Mechi. Abur. Abur. Hasta pronto, mi hermanita.

How Things Are

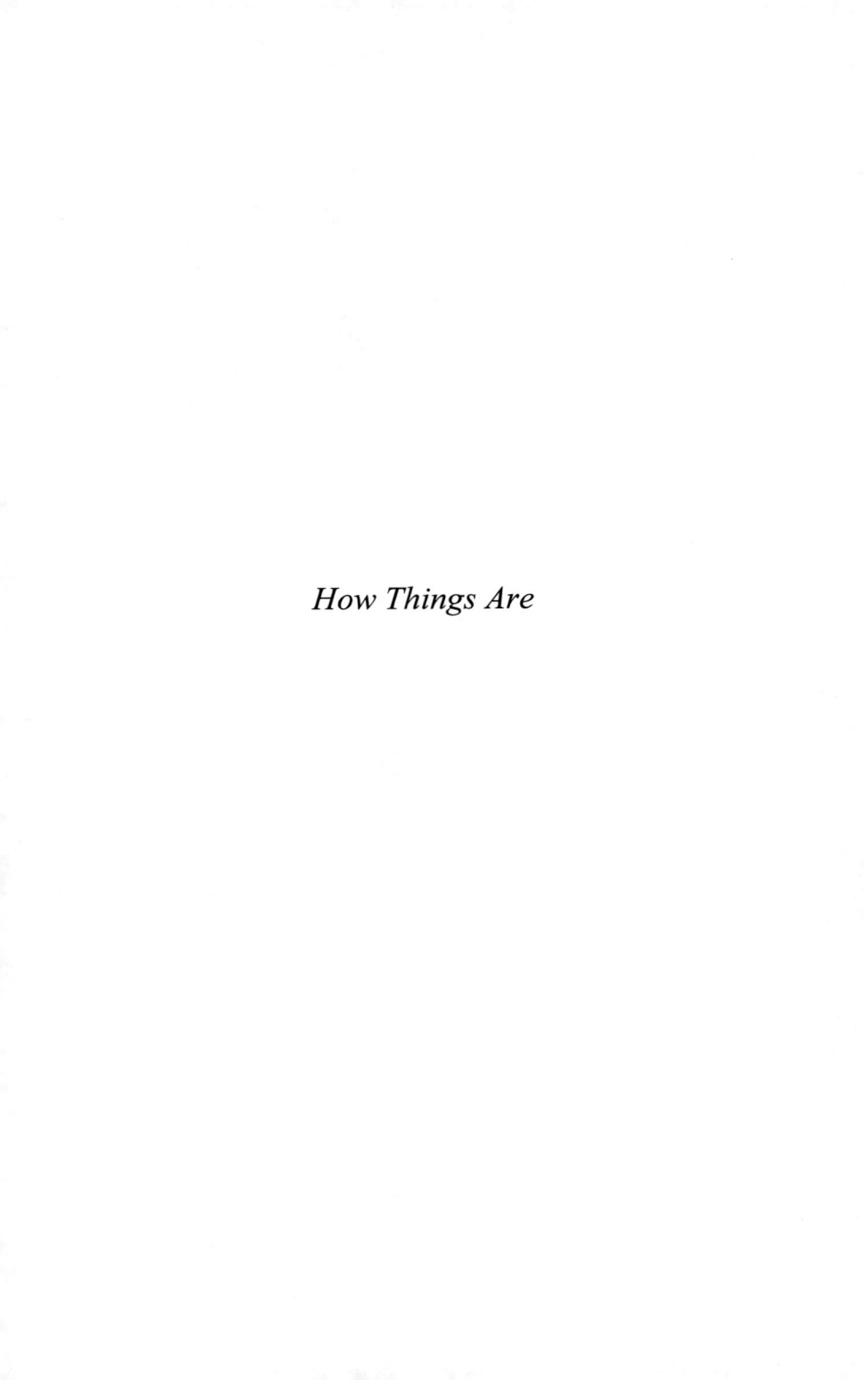

Move along! Keep moving! You have to leave this waiting area. NOW. Just keep moving! Can I see your papers compañero? I need to see your I.D.! That goes for all of you. WINNING STATION OF THE NATIONAL SOCIALIST RAILROAD WORKER'S COMPETITION That banner needs to be a little higher. Raise it up a little, compañeros. WELCOME COMPAÑERO PRESIDENT OF MEXICO Move along! Keep moving! Our train is scheduled to leave in two hours, compañeros, and we have two small children with us, as you can see... We make no exceptions around HERE, compañera. Orders are to be followed, not discussed! But what can we do, compañeros, with two small children and all the luggage? Our home is a good ways outside of Havana, you know, and our train is scheduled to leave in... Don't you understand Spanish, compañera, or what is the problem? Yes, compañero, of course I understand. Look, don't get mad, officer... Then do what you're told and there won't be any problem. Are you the husband? Yes, compañero, he is. So are you her husband or not? Yes, I am her husband. Then we don't have to repeat what we just said. So get moving, and keep moving so none of you catch cold! THE REVOLUTION IS STRONGER TODAY AND MORE DETERMINED THAN EVER Look here, compañero, my wife has already explained to you... Well it looks like you people don't understand what you're told. We understand what you're saying, compañero. What you all have to understand is that we are HERE to catch a train. That's right and what you are doing is harassing us all! Bring me that guy who said something about harassment! LONG LIVE THE FRIENDSHIP BETWEEN OUR TWO NATIONS Pay attention, compañeros, we have specific orders to clear all passengers from this waiting area. Those are our orders and we don't want to hear any complaining or anything like that. We are counting on the revolutionary consciousness of all of you. ONWARD, THROUGH THE VICTORIOUS PATH OF MARXIST-LENINISM We can't make any exceptions. WE AWAIT YOUR ORDERS, COMMANDER IN CHIEF There are no privileges for anyone, just as it should be. You heard them already, lady, step to it and let's get a move on out of HERE. NO WHINING OR COMPLAINING IN THE FACE OF DIFFICULTIES: ONLY WORK (And to top it all off, look how they can waste paint when they get a mind to.) But compañeros, where can we go with the children..? That's enough, wife, we've played their game long enough! Come on, let's get out of HERE! Hold it, citizen[6], what was that you said? THERE IS NOTHING MORE IMPORTANT THAN A CHILD – FIDEL. Nothing. I didn't say anything, compañero. Listen, citizen, I'm asking you a question! Hear-is-wear-the-pissed-off-guy-frum-Santaclara---------- wated-sixtene-days-ta-catch-a-trane-Nov-25-69. That's an order, citizen! WE ARE THE WINNERS OF THE NATIONAL SOCIALIST COMPETITION Nothing, compañero. I'm telling you I really didn't say anything. TO WIN THE BATTLE OF A SIXTH GRADE LITERACY LEVEL WE ALL HAVE TO ABIDE BY FIDEL'S WORD. Listen to me I've given you an order. And I'm telling you that I didn't say anything, lieutenant. Order, my foot! Aren't we a little too old to be ordered around? This is harassment at best, and I've had it! You're giving us a hard time just because you want to!

---

[6] Unlike the common practice instituted by the French Revolution, in Castro's Cuba to call someone *"citizen"* rather than *"compañero"* implies one's revolutionary zeal is being questioned, and is meant as a threat and an insult.

For god's sake, husband, calm down now, please! No, compañero, please. My husband is just a little..! That's the woman, there. I'm sorry, compañera, but your husband will have to come with us. But compañero, it's just that we've traveled from quite a ways outside of Havana! Stop that, wife, and go call your sister. Just tell her you have to stay at her place until all this gets ironed out. Take a taxi there, and don't worry. You, come with us; get moving! EVERYBODY GIVE A BIG WELCOME TO THE COMPAÑERO PRESIDENT OF MEXICO Damn it, this is simply an outrage; how dare they say that police brutality was a thing of the past? Throw that one in the van too. If anybody there talks back, just grab 'em. There's plenty of room for all of them. LONG LIVE CUBA - LONG LIVE MEXICO

Oh, sis, I'm so afraid! And I told him he shouldn't say anything, that the best thing to do these days is to keep your mouth shut... Anyway, you know what I'm trying to say, don't you? Doggone it; around here you have to be very *aware*! But you know how things can happen, and then they took him away, he says they'll let him go real soon and I shouldn't worry, but sis, how can I keep from worrying when it's already been an hour and we must have missed the train by now. In all honesty, it's hard for me to know what else to tell you. I'm not so sure about that idea of yours, that it's so great living here in Havana. Oh, but Mechi[7], it is! There's just no question about it. Everything is right HERE. Anyplace else is so out of touch with things. Development will eventually spread out to those other places but for me, someone who knows all about the boondocks... You must have

---

[7]Short for Mercedes, and a very intimate, familiar nickname, to be addressed by.

never liked living in the provinces, Lidia, if even you call them the boondocks, like everybody else around HERE. That's not true at all, kid! That life can be quite nice from a distance, (viewed from very far away and only in broad daylight) but the birds and the farmers can have it. As far as I'm concerned, that sort of thing doesn't do much for me! Of course, we all have to go on our productive work assignments on the farms and things like that once in a while, so we all contribute, but to go back to live there... I know exactly what you're trying to tell me with your silence, sis! Oh, Mechi, my dear, if you would have only paid attention to me and moved here when I told you to! But what can be done with that pig headed husband of yours? Although there still may be time for the two of you if you would make up your minds we would probably be able to do something for you... I'm telling you, Mechi, in this country, Havana is the contact point with the rest of the world. There has to be a doorway somewhere, and HERE is where it is. For me, the closer it is, the better. Left over petty bourgeois ideas, I guess. But what can you do? And stop worrying about your husband, Mechi; I'm going to call Cesar again, right now... What happened is that Andrés ran into a real stuffed shirt, dear. There's no getting around there are people like that. You know very well, sis, that Andrés is a real hard working and conscientious man. He has his faults and all, but the Revolution can count on him for whatever. He signed up for the International Brigade of Construction Workers and everything. Naturally, Mechi, otherwise how could he be married to my sister, to my own flesh and blood, since the Revolution comes before everything? Don't worry; Cesar will straighten everything out right away. And forget about that train business, we'll fix you up with a ticket from the administration office. You'll stay with us here today, and you can leave tomorrow in the afternoon... Cesar lives for the Revolution. Day and night. He hardly ever rests. And a wife can hardly rest either. It's like we were both married to the Revolution. And on top of that there's the children. Although Mabel is such a big help with them, you wouldn't believe it! She comes around two or three times a week to clean the house for me. I don't have time for anything. There's not even time to run to the grocery store and that's right in the basement of this building. Mabel does almost all the chores of this household. She is a very revolutionary compañera, of course, and does just the sort of work that fits her level of schooling. And just look at what we give her to advance herself! But she says she doesn't have a head for schoolwork; that she's too old for all that. So this way she is helping us while we are helping her. She's such a dear!

Yes, compañero, could you please put me through to Captain Sánchez Irizarri. Yes, I'm his wife. Angel, how are you, compañero? It's a real pleasure, fella! Yes, I'm really delighted. No, I didn't recognize your voice. Yes, please. Thank you, Angel. See you later, and thanks. How are you, dear? Yes, of course, who else could it be? No, I'm not going to talk very long. I left a message for you. I'm well aware you're very busy, Cesar. Of course, yes. No, look, you know my sister is here with her children. No, Cesar. They detained him. No, he had all his papers. Yes, including his ID. I think he started arguing about something. Yes, you know how he is! No, wait a minute, you can't be sure about that! The officer could have exceeded his... You know my sister. Her husband is a real revolutionary. A little pig-headed... that's why he hasn't been able to join the Party yet, but the Revolution can count on him. He

103

volunteered for the International Brigade of Construction Workers. Both of them are solid revolutionaries. OK, dear, you'll look into it then? You'll call me? OK, ciao. Didn't I tell you, Mechi? You just have to stay... *calm*... there's a solution to everything! In this country there's no problem that doesn't have a solution when we really work at it. He'll call me back in a little bit. You'll see they'll bring him right back to our doorstep. Hey you little jerk, don't cry. Mechi, come here, so I can show you this simply lovely blouse. If you and the kids stay here a few more days I'll take you out so you can buy something for yourself too. No, dear, about the ration book, don't even mention it. It's going to be a present from me to you. How lovely, Lidia! Isn't it just a dream? Made of pure Chinese silk, sis! That must be Cesar, now. Stop worrying, Mechi, everything will be straightened out real soon. Hey, compañera! How are you doing? No, I'm waiting for a call from César... It seems like you see him more often than I do... By no means, compañera. It's not inconvenient at all. Of course you may call him directly, if you want. Since he's always so busy I don't think he'll be able to take your call, but you'll at least be able to leave him a message at the front desk. No, don't mention it compañera. We'll certainly see each other this weekend cutting sugar cane. Of course I'm going, compañera; don't even ask... My machete is always good and sharp. Take care, compañera. Goodbye. (Go peddle your goods elsewhere, you little hypocrite, with your stupid calls and your poison, what you're selling, you couldn't even give away to me.) I'll tell you later, Mechi. I'll tell you all about it later. Don't think everything is the oasis it seems to be at first. That has to be Cesar. I can barely hear you. I don't know, dear, it must be something in the connection. Guess who just called... My tone of voice?

What about my tone of voice? Of course it was *her*. Look, let's talk about that some other time. For now, Cesar, let's get right to the point. But that's not any kind of answer. Of course I understand what you're saying Cesar, but... Then call me as soon as you find out anything new. Alright, I'll tell her. I won't budge from the telephone. Ciao.

It's not that César doesn't want to do anything, Mechi. You just have to understand how these things are. Naturally, he's very busy with the Mexican president's visit; why they have to practically double the security measures with the undesirable element that still exits around HERE. It's as if things hadn't changed in this country. You have no idea! There's no pussyfooting around. The responsibility is enormous. You have no idea how bad things have gotten in the past couple years around here. Contradictions have heightened. There are ideological stragglers everywhere. People who don't want to get used to the idea that there has been a revolution in THIS COUNTRY. Just so you know; right HERE they robbed an apartment in broad daylight. And I mean this is a neighborhood where only compañeros of the Ministry live. Cesar worked very hard HERE in a *microbrigade*[8]. No, Mechi, the other apartment was getting too small for the four of us. Young Rafael will soon be six, and his sister is fourteen. Of course dear, it's already time to start thinking about the girl's sweet

---

[8] State organized groups most commonly made up of workers assigned to, called to *volunteer* their free time to, or required to leave their regular jobs for long periods to work on different types of construction work prioritized by the government. These "brigades" might differ in size, the small ones called Microbrigades.

sixteen[9] party. The other apartment was no good for that. Those details can slip right by Cesar, but if I don't celebrate our daughter's sixteenth birthday for him, he would be capable of even divorcing me; that's how crazy he is about his daughter. And that's another thing you have to worry about, Mechi. A woman has to be wide-awake and alert. Day and night. We just can't have some degenerate come along and damage the prospects our little girl has, after going out of our way to raise her properly. So that the future can have its new man[10]. You know what that's all about since you have children too. HERE all of us are very concerned about the situation. I don't mean to scare you or anything like that. (Cesar keeps telling me not to say anything to anybody, not even to the other women of this building, but you know how those things are...) Not that a woman lacks political consciousness or anything like that. There's just no use filling the newspapers with stories our enemies can use to try to discredit the Revolution... but sooner or later these things become known when they happen. You don't have to go very far to see what I mean. Not even a week ago the dead body of a seventy year old woman showed up right in the stairway of a house on Neptune Street... The worst thing is she was stabbed and raped! It seems that the motive was robbery. A retired person getting seventy pesos a month... a measly watch and gold chain... A decent set of dishes and some jewelry... And what can be said about all those school

---

[9] A girl's coming of age party is celebrated at age fifteen in Cuba, as well as in most of the Spanish-speaking world, not at age sixteen as in North America. A literal translation of the original Spanish would be "sweet fifteen".

[10] The "new man" of socialism is the ideal of someone who has overcome all life's contradictions to live a *pure, uncontaminated,* revolutionary life.

age girls who resort to prostituting themselves to any foreigner for a shitty little tape recorder or even a scarf, or just a pack of menthol cigarettes? And what about those boys you see walking up and down the ramp at Coppelia[11], despite all our vigilance against that sort of thing? No, my dear, the task the Revolution has ahead of it is still larger than all of us, just as our Commander in Chief has said. And those bad apples spoil all the rest. It's a vicious cycle and we have to stop it or else. Yes, all right, I know very well that they're everywhere, but the fact that HERE in Havana... If we don't do something soon, this shark will eat all of us up. Like Cesar says: no rest for the weary, but if you do take a nap, be sure it's with your eyes wide open.

Of course not, Mechi. The business with your husband is a completely different matter. But it's clear Andrés wanted to make a case out of it, and that's also a problem of political consciousness. Girl, if you just would have moved along like they told you; that would have been the end of it. There are plenty of people, you know, who spend the night in train stations by choice. And those fags who make their rounds through them to see what they can catch. And whores a dime a dozen, and pickpockets, Mechi. There are all kinds of people there! And they're not there to travel anywhere. They're taking up space they shouldn't be. And they get in line for second and third helpings in the cafeterias. They're a real eyesore. If they're mentally ill, my dear, then stick them in Mazorra, that's why we have the best mental

---

[11] Small park with an open-air ice cream parlor well know as a gay cruising area, and infamous on account of the police raids conducted there at different moments throughout the life of the Castro regime. It is located in the Vedado section of Havana.

hospitals in all of Latin America! What am I saying, Mechi, not only Latin America, but in the whole world! They do all kinds of research experiments, and have the best scientists in the socialist world. Cesar could tell you how they've been able to fix up all sorts of incurables. Delinquents, perverts, homosexuals... Even bitter enemies of the revolutionary process, Mechi, and that is the greatest thing about this Revolution... Even its enemies get treated there, just like any other citizen. It's a true center for social rehabilitation. And heck, why shouldn't those people go there to get treatment if they're really crazy? If they don't have any family, then they should make one... Most of those people aren't working because they don't want to. They make up something so they can get a medical excuse... And the doctors who write them are starting to get the screws put to them, kid, but to no avail. The law against vagrancy should nab those people with their medical certificate and everything! The doctors that give out those excuses should be sent to work in the fields too... Those would be my orders.

No, Mechi, my dear... You don't have to worry about the children. We can make a comfortable little place on the floor for them to spend the night. Mine can stay at Cesar's mother's place tonight. Tomorrow we can see about you and the kids staying the rest of the week in a nice hotel. No. No. Don't be silly, dear. Just wait until you see how everything works out. We'll tell Mom and Dad that you decided to stay another week: to extend your vacation..., so they don't start worrying. The kids don't have to start school yet. We can take them to Lenin Park. Don't be silly dear. Will you stop worrying about him! I'm going to start thinking you don't have any confidence in Cesar.

The whole matter is more involved than we originally thought, Mechi. Andrés may have let himself be led astray by a bad element. (Probably without even knowing it.) That's what Cesar told me when he called a little while ago. Are you sure you don't know anything about this? Pay attention to me, Mechi, your my kid sister... This is the only way to help him, so think... While you were staying in the hotel... HERE in Havana... I mean, did anybody approach either of you? Did anybody offer you anything? According to Cesar, there was something... But Andrés is being more stubborn than a wheel stuck in the mud, like our father used to say when we were little. Do you remember, Mechi? He flatly refuses to cooperate with any of the questioning. That is very serious, kid. Do you understand? I'm not so sure since all of you are small town people and don't know how things are around HERE right now. One of the guys has stated that he knows Andrés... That he knows him well, Mechi. The best thing is for him to talk and confess everything. Cesar wants you to go see him and have a talk with him. He's coming to pick you up. The Revolution is just and wants to give your husband a chance, Mechi, but it can also be very severe if he doesn't cooperate, sis. The worst of it is that those people are mixed up in everything, not only smuggling, but other things as well. They were in cahoots with Party bureaucrats... (I don't mean to scare you, dear, but it's better to know what you might be up against ahead of time.) They also sold visas to people who wanted to leave the country, that the poor fools paid for and didn't dare inform on them afterward, but when the game turned ugly they started giving out real passports to the hereafter, if you know what I mean. At a place along the coast that these guys had chosen... A whole cemetery has been uncovered. Can you see now that this is no joking matter, my dear? Crying isn't going to do anything; do you hear me? Of course I'm your sister..., that's exactly why I'm telling you all this. And with the whole business of the President of Mexico's visit HERE, this other thing will just have to wait. It's not that Cesar doesn't want to help you or that he can't. You just have to understand the situation, and the situation of your husband. I'm not saying Andrés is a born criminal... Yes, sure, very likely... He's probably not mixed up in any of that other stuff. Yes, of course. I know he always seemed to be ideologically in tune to the Revolution... but some of these people are even party officials, Mechi my dear... very clever people who put on a front of being quite conscientious. But anyone's bound to go under in such treacherous waters... My advice to you, Mechi, is that you help us out with your husband... Force yourself to remember, sis... Did you ever see him talking with someone you didn't recognize? Did anything happen that didn't seem quite right? Come on, kid, help him. Try to remember, Mechi. His future depends on you now.

OK,... sure..., a woman's family is her family and all that..., but she also has her obligations when she marries. You do too, that's right, and I'm not blaming you at all... Of course... He's your husband and you have two sons with him, but there's also the Revolution that should take precedence over everything... Cesar called me back to tell me that. It's not that he doesn't want to be made to look bad or anything like that. Cesar's commitment is beyond reproach! It's a question of principles. As for me, things can be understood up to a certain point, but as for Cesar..., you're only his sister-in-law and that's not the same as being brother and sister or anything like that... Oh, Mechi, you don't know how much this hurts me to tell you! It turns out that Cesar can't get your hotel room permit extended. And I have my obligations to him too, you understand. Just as you do to your husband. It's only fair, no? That's why the best thing for you to do is to return home with the boys. When all is said and done they are the ones working hardest and suffering the most by being away from home. Just look at their little faces! They want so much to get home to be with their grandparents and their own friends. There's a good reason, Mechi my dear, why Andrès got exactly what he was looking for. Don't you feel sorry for those poor little fellas having such a hard time? I wouldn't do something like that to my children for anything in the world. And school... Soon school will be starting... and this business will drag on pretty long. The trial will be delayed until the investigations and the whole process is completed. According to Cesar the sentence will be very harsh. You must be brave and have confidence in the Revolution. I guess you're right after all, life is more quiet in the provinces than HERE. You must return there, Mechi. I'll phone Mama so she'll meet you at the station. HERE are your tickets. They're for the next train that leaves. It's only fair, my dear, no?

I knew you wouldn't make an ugly scene about this after all we did for you and the children. And even for Andrés. Your husband will never be able to thank Cesar for all the trouble he went to. Yes, sure, Cesar will certainly do whatever he can. We can't promise you anything that isn't possible, but you can depend on the generosity of the Revolution. Bundle up the boys on the train so they don't catch a cold from the air conditioning. No, Mechi, I got you a special ticket on one of the new trains. One of those ones we acquired from Argentina defying the blockade. The trip is much faster and more comfortable. You'll arrive home without a wrinkle in your dress! There are only a couple in use. They're testing them out. Papa will be there to meet you at the station. They say you shouldn't worry. There won't be any problem with the boys. A big hug, dear sister. Of course I knew you wouldn't let me down. And you know I don't have to tell you that if there's anything I can do for you..., all you have to do is give me a ring...Yes, sure, I'll tell Cesar that. Don't mention it. I'll be sure to tell him, ciao, kid. Take care of yourself and the children. Give the parents lots of hugs for me, Mechi dear. Yes, I'll mention to Cesar that you want to talk to him and all that... OK. Don't worry; you have family HERE if you need it. Yes. A kiss, Mechi! How about a kiss for your aunt? You too. A big kiss, dear sister. And don't wait another year to come back and visit us. You and the boys always have a place HERE to stay. You know very well they're my favorite nephews. When you come the next time we must take a trip to the ocean. You know the saying that says life is a beach... Good bye, Mechi. Good-bye. Bye-bye. See you soon, kid.

Auto sacramental

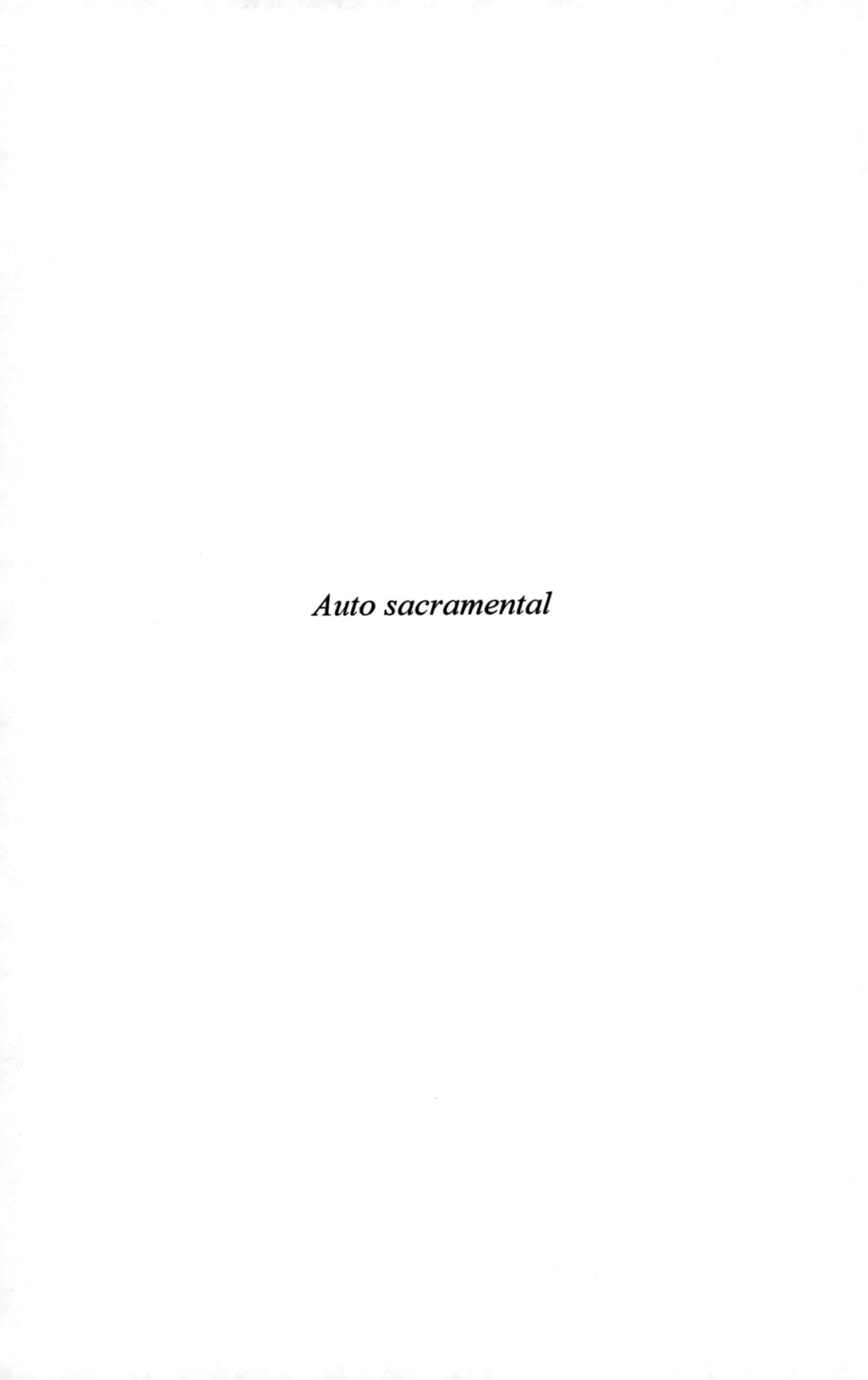

A la salida, Bardales vio el pequeño auto aguardándolo junto a la acera. Fue lo primero que vio. En verdad, lo único que consiguió ver. Sus sentidos fueron poseídos de inmediato por la presencia del automóvil, y sin esperar indicación alguna se dirigió hacia él. La puerta se abrió para que montara. Un hombre joven que habría podido ser portero en otra parte —se dijo—, perfectamente equidistante, aguardó para cerrarla tras de sí. A fin de no hacerse esperar de ese hombre Bardales se introdujo con precipitación en el automóvil, y al hacerlo, se golpeó la cabeza con el bordillo superior de la puerta. Una nube albina lo cegó momentáneamente y tuvo la sensación de que iba a desmayarse, pero no ocurrió así.

—Tenga cuidado, —le oyó decir entonces a uno de los oficiales que lo seguían de cerca—. No queremos que se lastime.

Mientras se sobaba, Bardales se volvió para mirar al oficial que había dicho *lastime* con la inusitada naturalidad de algún personaje de ficción. Confirmaba así una vez más, la tesis de que la realidad podía ser a veces extraordinariamente libresca, y viceversa. A ambos lados de él se acomodaron los dos hombres. A la derecha el más joven, que había dicho *lastime* momentos antes suscitando su admiración, y a la izquierda el otro, que no debía pasar de los cuarenta, y quien no había dicho palabra hasta ahora. Cuando los tres estuvieron acomodados en la parte trasera, el hombre que había aguardado por él junto a la puerta se colocó detrás del volante y a una orden del oficial que permaneciera callado hasta entonces, puso en marcha el automóvil. Éste era excesivamente pequeño para cuatro personas —pensó ahora Bardales—. Dentro, y pese a que los cristales de las ventanas no estaban cerrados del todo, apenas se escuchaba el ruido del motor. Por algún

115

tiempo el silencio fue tan compacto que se le oyó zumbar en medio de los cuatro hombres, desesperadamente buscando un resquicio por donde salir. Concentrando su atención en el sonido reposado y apenas audible del motor, él se acordó de su viejo automóvil despanzurrado desde hacía casi dos años, para el cual no había podido conseguir aún los aros adecuados, pese a sus múltiples intentos. Fastidiado con el recuerdo puso a un lado aquellos pensamientos.

—¿Qué podrá ser? —se dijo por fin, admitiendo la situación inexplicable en que de repente se encontraba. ¡No había hecho nada! (El más locuaz de los oficiales que viajaban a su lado le estaba ofreciendo en ese momento un cigarrillo que Bardales aceptó mecánicamente, extendiendo su mano y apoderándose de él). Seguramente se trataba de un error —pensó—. ¿Qué podría haber hecho él?

—Gracias —dijo, mientras golpeaba uno de los extremos del cigarrillo nerviosamente contra la palma de la mano.

—¡Usted no fuma! —observó entonces el oficial con un gesto de quien alberga alguna duda acerca de lo que dice.

De repente, Bardales se sentía sumamente incómodo en su situación.

—¿Por qué diablos he aceptado el cigarrillo? —pensó.

—Usted está muy nervioso, Bardales —le hizo ver el oficial que antes le ofreciera de fumar—. ¿Por qué tan nervioso?

Sin saber bien por qué, Bardales recordó en este momento la expresión del oficial unos minutos antes, cuando lo viera por primera vez.

—¿Rubén Bardales?

—El mismo. ¿En qué puedo...
Aquel le ponía delante de los ojos un carné que Bardales en verdad no tuvo tiempo de inspeccionar.
—Venga con nosotros. Tiene que acompañarnos.
Se había fijado entonces en el otro hombre que permanecía apartado unos pasos, con las manos en la faja. El hombre del carné vestía de civil y parecía desarmado. Otros dos hombres de civil y varios de militar se abrieron paso con presteza hacia el interior de la pieza a cuya entrada él permanecía indeciso.
—¡Vamos! —le indicó el hombre de civil acompañando la orden con un movimiento de cabeza. Él se dejó conducir entonces hasta el auto que lo aguardaba junto a la acera.

—¿A qué le teme usted, Bardales? —preguntaba ahora el oficial, afectando curiosidad. La pregunta lo sacó de sus reflexiones—. Ya lo dice el refrán: *"el que no la debe ..."*. —El interrogado trató de sostener la mirada del oficial—. ¿Usted sabe como sigue?
—Bardales dijo que sí con la cabeza, obedientemente, como un chico que se avergüenza de su falta.
—¡Muy bien! —dijo ahora el hombre a su lado que permaneciera callado—. Parece que empezamos bien.
El detenido se volvió hacia él para mirarlo a la cara. Y luego se quedó mirándolo con la misma angustia que hubiera sentido si de repente uno de sus personajes para quien no hubiera encontrado aún la caracterización adecuada se pusiera a hablar por cuenta propia, revelándose de una independencia acusadora. Vagamente, pensó en sus manuscritos abandonados sin resistencia alguna. Detrás quedaban también sobre la mesa de trabajo los manuscritos del cuento en el que estaba trabajando cuando se produjeron los toques apremiantes a su puerta.

117

—Nosotros lo sabemos todo acerca de usted y sus actividades —siguió el hombre de uniforme.

Oyéndolo hablar, Bardales se sintió de pronto acometido de un ataque de pánico. Los aros del motor parecían salirse de sus cajas amarillas y ponerse a bailotear delante de los ojos, acusándolo.

—Yo le aseguro, teniente, que no sabía nada de que los aros tuvieran mala procedencia

—¡De eso también sabemos, naturalmente! —dijo el oficial—. Lo sabemos todo, —aseguró sin mirarlo, con la mirada fija en el cristal delantero. Bardales sentía que estaba a punto de echarse a llorar, y sólo un lastre de vergüenza se lo impedía.

—Nada más que le estamos pidiendo su colaboración, Bardales, —intervino nuevamente el oficial a su derecha. Bardales lo miró con todo asentimiento y el hombre le retuvo la mirada—. Usted es aquí el más beneficiado. Agradézcaselo a la generosidad de la Revolución y aprenda de esta experiencia una lección inolvidable.

—Ustedes los escritores, y los intelectuales... —volvió a decir el teniente a su izquierda—. Casi siempre se la pasan *en la luna de Valencia.* Haciéndose sus castillitos de arena... Metidos en sus torres de marfil... ¡A mil leguas de los problemas reales de esta sociedad!

El hombre largó varias frases de aquellas sin llegar a ninguna conclusión, y dejó que el oficial que vestía de civil las resumiera.

—¡Claro que no tenemos nada contra la labor intelectual! ¡Ni contra los intelectuales honestos y revolucionarios! Esos siempre encontrarán aquí su lugar entre nosotros

El hombre tomó aliento para proseguir. A pesar suyo, Bardales observó que ambos oficiales se expresaban con frases largas y hechas que no les pertenecían, y que a ratos se les hacían difíciles de manejar sintácticamente, como si el reducido espacio del interior del auto se lo estorbara.

—Son los intelectuales como usted, los que le hacen el juego a la reacción y al imperialismo... —siguió diciendo— los que no tienen cabida ni oportunidad en la Revolución.

Hubo una obligada pausa después de estas palabras, que Bardales no se atrevió a llenar.

—¿Nos vamos entendiendo ahora, Bardales? —preguntó el hombre de uniforme. Bardales negó insistentemente con la cabeza, aunque interiormente hubiese querido poder decir *"sí"*, *"sí"*, *"sí"*, *"comprendo"*.

Comenzaban a salir de la ciudad y el teniente se echó hacia delante en el asiento para indicar al chofer mediante una seña previamente convenida que detuviera el auto —al menos eso le pareció entender a Bardales—. Sin embargo, el auto no se detuvo sino que tomó por un terraplén que se apartaba de la carretera y penetraba en un paisaje bucólico. Bardales comprendió que aquel era el verdadero sentido de la señal que le había visto hacer y no quiso pensar en los posibles significados de aquel desvío. Cuando la carretera quedó completamente rezagada a lo lejos, el auto comenzó por fin a detenerse junto al verdor absoluto de los cañaverales.

—¡Caramba, Bardales! —dijo el hombre de civil, adoptando un aire de contrariedad—. Usted me defrauda.

El hombre de uniforme a su izquierda, parecía de repente a punto de estallar en una profunda cólera.

—¿No te lo decía yo? —dijo, dirigiéndose al otro por sobre la cabeza de Bardales, como si aquél no se hallara en medio de ellos—. ¡Todos son iguales! ¡No hay ni uno, con el que se pueda contar, chico!

Repentinamente abrió la puerta y se apeó alejándose unos pasos. La puerta permaneció abierta y Bardales experimentó unos deseos furiosos de saltar fuera a través de ella y echarse a correr internándose entre los cañaverales hasta caer rendido, pero la voz del hombre que permanecía a su lado lo sacó de sus cavilaciones.

—La libertad es hermosa, Bardales —dijo—. ¡Y necesaria! Por eso se hizo la Revolución, para que todos pudiéramos ser libres. Pero no tal y como lo entienden nuestros enemigos, y sus intelectuales lacayos... ¡No hay verdadera libertad sino es dentro de la Revolución!

El hombre parecía arrobado por sus propias palabras, pensó Bardales. Y él mismo también iba sintiéndose cada vez más atraído por la innegable fascinación que aquéllas ejercían sobre su ánimo.

—Porque la Revolución trajo un cúmulo enorme de libertades a los escritores y a todo nuestro pueblo. La Revolución dedica una atención especial a los problemas de la cultura en nuestro país.

Bardales estaba ahora atento a las palabras del hombre, aplicándose a ellas con denuedo. Hubiera incluso podido repetirlas una por una si se lo exigieran en cualquier momento. Aquellas palabras le devolvían una cierta tranquilidad, un reposo interior que provenía no tan sólo del tono que el oficial les imprimía al decirlas, sino más bien de cierta familiaridad en la que reposaba su coherencia. Ahora penetraba en el sentido de aquellas palabras con la gratitud del creyente renovado en la gracia que se siente a la vez, alguien especial y el más pequeño de los seres. Entretanto, la voz a su derecha seguía prodigándose sin que Bardales pensara ahora en la longitud de sus tiradas.

—Hay quienes dudan, a veces, y tienen dudas y las expresan a través de los canales correspondientes... —De fuera continuaba llegando el ruido de las pisadas del hombre uniformado sobre la arena suelta del terraplén—. Y esas dudas son escuchadas siempre con mucha paciencia y atención... Porque la autocrítica, cuando es constructiva nos enriquece como personas y como revolucionarios... Lo que le hace daño a la Revolución, y lo que no toleramos, son los chismorreos y los enredos y las calumnias de nadie, y mucho menos... —Se interrumpió para tomar aliento. Luego continuó con el dedo índice levantado hacia Bardales—. ¡Mucho menos de los intelectuales, que deberían estarle agradecidos a la Revolución! —Las pisadas que llegaban de afuera se interrumpieron de golpe, muy cerca del auto. El hombre a su derecha continuó—: Porque aquí nunca ha habido intelectuales, ni un carajo, a no ser unos pocos... ¡Poquísimos! Y esos, naturalmente, siempre se han colocado del lado de la Revolución.

El hombre de uniforme se introdujo súbitamente en el auto, con la misma brusquedad con que antes había salido. Se dejó caer al lado de Bardales sin decir palabra y se quedó contemplándolo con una mezcla de curiosidad y desdén no disimulada. Bardales volvió a experimentar una aprensión indefinible aposentándose en el estómago.

—¡La Revolución es justa! —dijo ahora sin quitarle los ojos, desafiándolo a poner alguna objeción a sus palabras—. Y porque es justa, no se anda por las ramas, Bardales. —Ahora parecía sereno y había adoptado el aire persuasivo que antes caracterizara al otro—. La Revolución tiene también su cuota de comprensión para todos los problemas... —Se mojó los labios pasándose una lengua rosada por ellos—. Incluso para los problemas de un individuo que se comporta (tal vez por descuido) como enemigo de la Revolución, como en su caso, Bardales, o de un grupo de individuos que son enemigos jurados de la Revolución, como esos otros escritores con los que usted se junta. —Inconscientemente, el detenido tomó nota de la generosidad de aquellas palabras—. Y también, desde luego, la Revolución sabe hacer sus distinciones.

Bardales alzó los ojos para mirar al teniente que ahora parecía más corpulento que antes, como si la caminata alrededor del auto hubiera tenido la facultad de estirar sus miembros.

—Esa gente con la que usted se junta, Bardales, —dijo ahora el hombre a su derecha—. *¡Viven del cuento!...* —satisfecho con la frase, sonrió para sí mismo—. Es lo único que saben hacer. Falsean la realidad. Y crean una literatura enajenada, sin vínculos con nuestras realidades. Porque independientemente de cierta calidad técnica, de cierta calidad alcanzada gracias a los medios y con las oportunidades que la Revolución ha puesto a su alcance, lo que nos interesa no es la literatura en sí misma, sino su finalidad práctica y didáctica para la formación de un hombre nuevo.

Un bombardeo de imágenes al parecer inconexas pasó ahora frente a los ojos de Bardales: el manuscrito de su cuento abandonado sobre la mesa de trabajo, los rostros de algunos de sus amigos escritores, su coche despanzurrado, las últimas vacaciones en la playa con su hija, el rostro habitualmente crispado de su ex-mujer, escenas domésticas, memorias del divorcio y el nacimiento de su hija alternándose, alguno que otro de sus personajes, obsesiones, fobias.

El hombre de uniforme intervino súbitamente para preguntar:

—¿Qué tienes tú que decirnos ahora, chico?

Había comenzado a tutearlo. Bardales se percató, naturalmente, de la familiaridad antes inédita de su voz. Los dos hombres parecían aguardar ahora por sus palabras y Bardales sentía un nudo de arrepentimiento oprimiéndole tenazmente la garganta.

—No te avergüences de llorar. —dijo el chofer, volviéndose hacia él e interviniendo por primera vez en la conversación—. Los hombres también lloran.

El se sintió entonces autorizado a llorar y prorrumpió en un llanto largo y copioso cuya procedencia exacta desconocía. Luego fue serenándose y se sintió mejor. Había pasado la sensación opresiva y se acomodó entre sus dos acompañantes, sin experimentar la sensación de hallarse atenazado. Dos palmadas amistosas cayeron casi al mismo tiempo sobre su espalda. Bardales se volvió entonces al oficial que antes le ofreciera el cigarrillo, y con voz trémula se dirigió a él.

—¿Me da fuego, *compañero*? —Acaso aún no se sentía autorizado a usar la palabra *compañero*, por lo que aquélla consiguió apenas articularse en un susurro.

Ahora pega una gran chupada y se queda observando la columna de humo azul que asciende sobre su mesa de trabajo. Después vuelve a leer con suma atención todo el principio del cuento que dejara abandonado allí el día anterior, y comienza a reescribirlo febrilmente.

Auto-Sacrifice

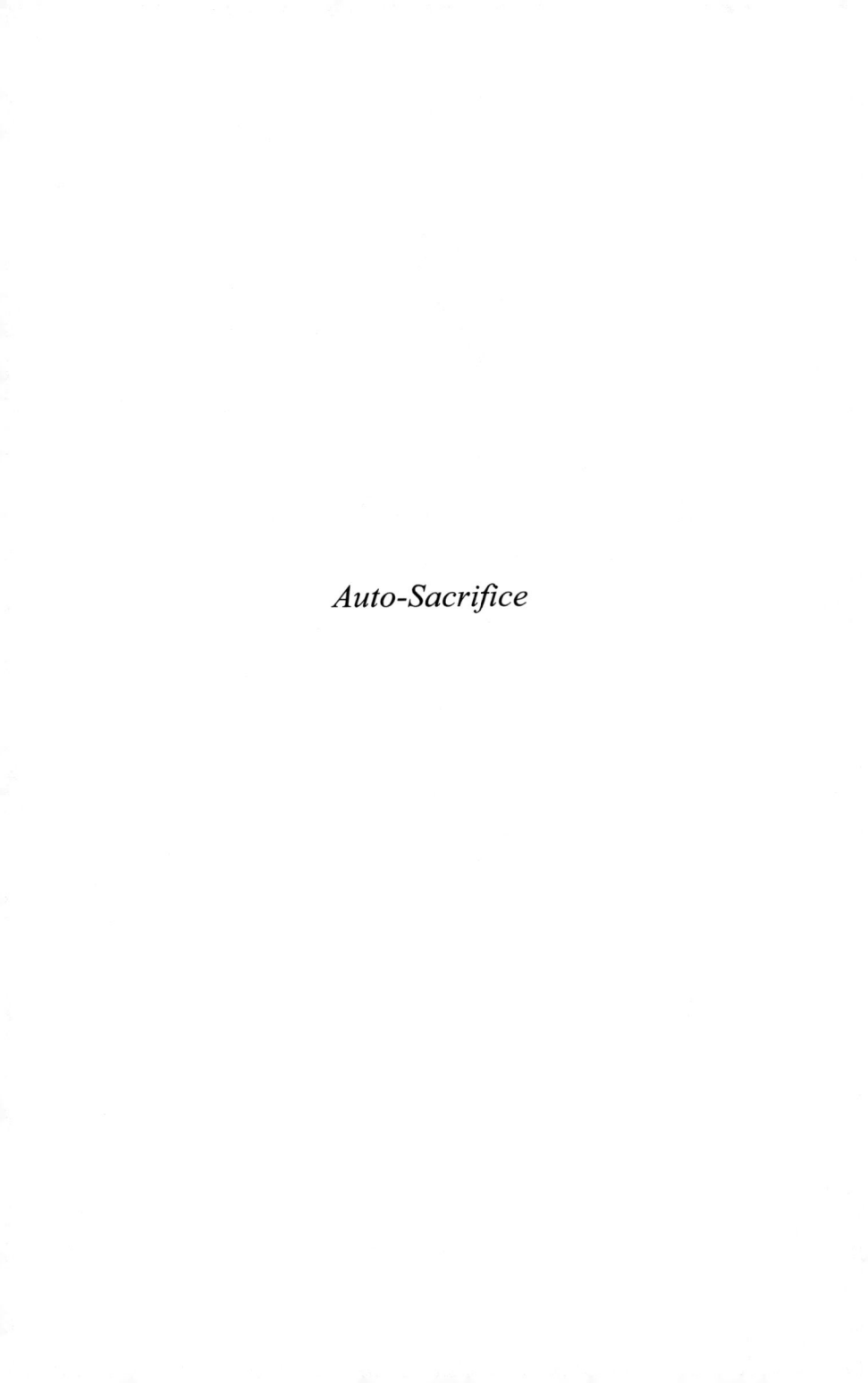

On his way out, Bardales saw the small automobile waiting for him by the curb. It was the first thing he saw. In truth, it was the only thing he managed to see. His senses were immediately possessed by the automobile's presence, and without waiting for any further instructions he walked directly toward it. The door was opened for him to get in. A young man who he thought could have been a doorman somewhere, waited perfectly positioned to close the door behind him. In order to not make the man wait, Bardales got into the car precipitously and in so doing bumped his head against the upper doorjamb. A white cloud momentarily filled his vision and he had the sensation that he was going to faint, but that did not happen.

"Be careful," he heard one of the officials following right behind say to him. "We would prefer that you not get hurt."

While rubbing his head, Bardales turned to look at the official who had said "that you not get hurt" with the naturalness and conviction of some fictional character that had just materialized out of a novel. It confirmed once more the thesis that reality could sometimes be extraordinarily like a work of fiction and vice versa. The two men got into the car on opposite sides of Bardales. The younger of the two, who moments before had impressed the writer with the "that you not get hurt" comment, sat on his right, and on his left was the other, who could not have been older than forty, and who had not yet said a word. After all three men were settled into the back seat, the man who had tended the door for Bardales got in behind the steering wheel, and as soon as the previously silent official gave the order, started driving. The car was extremely small for four people, Bardales thought. Inside, even though the windows were not completely closed, the sound of the motor was barely audible. For quite a while the silence was so compact that it buzzed between the four men, desperately searching for some means of escape. Concentrating his attention on the peaceful, barely audible sound of the motor, Bardales thought about his own old, broken-down automobile, on blocks for almost two years now, because he was never able to get the proper parts for its engine, despite his numerous attempts. Bothered by the memory, he put those thoughts aside.

"What could all this be about?" He wondered, finally admitting the inexplicable situation he suddenly found himself in. "I haven't done anything." At that moment the more talkative official traveling by his side was offering him a cigarette that he accepted without thinking, mechanically reaching out his hand to take hold of it. "There must be some kind of mistake," he thought. "What could I have possibly done?"

"Thank you," he said as he nervously tapped one of the ends of the cigarette against the palm of his hand.

"You don't smoke, do you?" asked the official, with an expression of someone pretending to doubt what he is asking.

Suddenly Bardales felt extremely uncomfortable about his situation.

"Why the hell did I accept the cigarette?" he said to himself.

"You're very nervous, Bardales," commented the official who had just offered him the cigarette, making him aware of this fact. "Why are you so nervous?"

Without knowing exactly why, Bardales remembered at that moment the expression of the official when he had seen him minutes earlier for the first time.

"Rubén Bardales?"
"That's me. How can I ..."

An identification card was held up to Bardales's eyes that in truth he did not have time to examine.

"You will have to come along with us. Right now."

Only then did he notice the other man who stood several steps away with the thumbs of both hands hooked over his gun belt. The man with the identification was dressed in civilian clothes and seemed unarmed. Two other men in civilian clothes and several in military uniform scurried past him into the room while he stood wavering in the doorway.

"Let's go!" the man in civilian clothes ordered as he gestured with his head. Bardales went with them out to the car that was waiting by the curb.

"What are you afraid of, Bardales?" the official was asking now, pretending to be curious. The question startled him from his reflections. "Like the old saying goes: 'the innocent have nothing to fear'." Bardales tried to bear the official's gaze. "Are you familiar with it?" He obediently nodded his head yes, like a boy ashamed of his wrongdoing.

"Very good!" said the other man at his side that had been remaining silent. "It looks like we're getting a good start."

Bardales turned to look at him. He kept staring into his face with the same anguish he would have felt if one of his not yet fully developed fictional characters had suddenly begun talking on its own, with the same accusing independence. He thought vaguely about the manuscripts he had so passively left behind. Among them was the short story he was working on, when the urgent knocking sounded at his door, and now those pages were left lying out on his worktable.

129

"We know all there is to know about you and your activities," continued the man in uniform.

Hearing him speak, an attack of panic suddenly overcame Bardales. The car engine parts he had been trying so hard to obtain seemed to fly out of their packing cases and start a mocking dance before his eyes, accusing him.

"I swear to you, lieutenant, I had no idea the piston rings may have come from the black market..."

"We also know all about that, of course!" said the official. "We know everything," he emphasized without looking at Bardales, his gaze fixed instead on the windshield. The writer felt on the verge of bursting into tears and only a deep sense of shame prevented him from doing so.

"We're only asking for your collaboration, Bardales," said the younger official on his right, speaking up once more. Bardales looked at him with complete acquiescence and the official retained the writer's gaze. "You are the one who will benefit most from this... you can be grateful to the Revolution's generosity for that..., and learn an important lesson from this experience."

"You writers and intellectuals...," the lieutenant at his left spoke up again. "Are almost always spending your lives with your heads in the clouds...Building your little sand castles... Tucked away in your ivory towers... Thousands of miles away from the real problems of this society!"

The man spouted off several of these phrases without coming to any conclusion and let the official in civilian clothes pick up where he left off.

"Of course, we have nothing against intellectual work! Especially if it is done by the honest, revolutionary intellectuals! They will always have their place among us..."

He took a deep breath to continue. Bardales could not help but notice that both officials expressed themselves in long, convoluted phrases that were not really their own, and that from time to time made it hard for them to manage syntactically, as if the automobile's cramped interior hampered them.

"It's intellectuals like you who play into the hands of reactionaries and imperialism...," he continued. "Your kind have neither a place nor a chance within the Revolution."

There was an obligatory pause after these words that Bardales did not dare to fill.

"Do we understand each other now, Bardales?" asked the man in uniform.

Bardales kept shaking his head no, even though inwardly he wanted to say "yes," "yes," "yes," "I understand."

They were starting to leave the city and the lieutenant leaned forward in his seat to give the driver a prearranged signal to stop the car, or at least so it seemed to Bardales. However, the car did not stop, but turned off onto a paved lane that branched from the road and led out into a bucolic landscape. Bardales understood this was the real meaning of the signal, but did not want to think about the possible implications of the turnoff. When the road lay far behind in the distance, the car finally came to a halt next to the luscious greenness of the sugarcane fields.

"Damn it, Bardales!" said the man in civilian clothes, adopting an antagonistic tone. "You disappoint me."

The uniformed man on his left seemed to be suddenly on the verge of erupting into a violent rage.

"Didn't I tell you?" he said, addressing the other official right over Bardales's head as if ignoring the writer's presence. "They're all the same! There's not a single one you can count on, that's for sure!"

He suddenly opened the door, got out and walked several steps from the car. The door remained open and Bardales felt an intense urge to leap out through it and run full speed into the sugarcane fields until he lost himself and fell over exhausted, but the voice of the man who remained at his side disrupted his daydreaming.

"Freedom is beautiful, Bardales," he said. "And necessary! That's why the Revolution came about, so that we all could be free, but not what our enemies and their intellectual lackeys mean by freedom...! There is no better freedom than the kind within the Revolution!"

The man seemed enraptured by his own words, thought Bardales. And he, himself, also noticed a growing attraction to the undeniable fascination that those words exerted over his mind.

"... because the Revolution brought an enormous wealth of freedoms to writers and to all our people... The Revolution pays special attention to the cultural problems in our country..."

Bardales was now attentive to the man's words, boldly scrutinizing them. He would have even been able to repeat them word for word if ever called upon to do so. The words brought a certain tranquility back to him, an inner calm that came not only from the tone the official imparted to them, but also from a certain familiarity in which their coherence rested. He could now penetrate the meaning of those words and experienced the gratitude of a believer reborn through grace, who feels like a very special person while at the same time sensing he is the smallest of all beings. Meanwhile, the voice to his right continued pontificating, but Bardales no longer perceived how it droned on.

"There are those people who question, at times, and have doubts that they express through the appropriate channels..." From outside the car, the sound of the footsteps of the uniformed man pacing over the loose gravel of the pavement continued. "... and those doubts are always heard with the utmost patience and attention... Because self-criticism, enriches us both as people and as revolutionaries when it is constructive. What damages the Revolution, and what we will not tolerate are the snide remarks, the falsehoods, and the slanders from anybody, and much less..." He interrupted himself to take a breath. Then continued while pointing his finger at Bardales. "...much less from intellectuals, who should be grateful for what the Revolution has done..." The footsteps from outside abruptly stopped very close to the automobile. The man on his right continued. "...because there have never been any intellectuals here, not a damn one..., or at least no more than a few... very few!... And those, naturally, place themselves on the fringes of the Revolution."

The uniformed man got back into the automobile just as abruptly as he had left before. He plopped down beside Bardales without saying a word and stayed there looking at him with a mixture of curiosity and outright contempt. Once again Bardales felt an indefinable apprehension lodging in his stomach.

"The Revolution is just!" he said, not taking his eyes off Bardales, daring him to raise an objection to his words. "And because it is just, it doesn't let itself get sidetracked, Bardales." The uniformed man seemed calmer now and had adopted a persuasive tone more like the other officer's before. "The Revolution also has its quota of understanding for all its problems..." He moistened his lips by passing his pink tongue over them. "Including its problems from an individual who behaves (perhaps through carelessness) like an enemy of the Revolution, as in your case, Bardales..., or from a group of individuals who are sworn enemies of the Revolution, like those other writers you associate with..." Unconsciously, Bardales took note of the generosity of those words. "And of course, the Revolution also knows how to make the distinction..."

Bardales raised his eyes to look at the lieutenant who seemed huskier than before, as if his jaunt around the car had made his limbs thicker.

"Those people you associate with, Bardales...," said the man to his left now, "are con artists making their living with fairy-tales!" Satisfied with his choice of words, he smiled to himself. "It's the only thing they know how to do well. They distort reality... And create an alienated literature with no relationship to our reality. Because independent of a certain technical quality, of a certain quality attained thanks to the means and opportunities that the Revolution has placed within their grasp..., what we are interested in is not literature in itself, but its practical and didactic conclusion for the formation of a *new man*."

A barrage of seemingly unconnected images now passed before Bardales's eyes: the pages of the short story left out on his work table, the faces of some of his writer friends, his broken-down automobile, the last vacation at the beach with his daughter, the habitually twitching face of his ex-wife, domestic scenes, memories of his divorce alternating with those of the birth of his daughter, one or another of his characters, obsessions, phobias...

The uniformed man suddenly interrupted by asking:

"Now what do you have to say to that, my friend?"

He had begun to address him more familiarly. Bardales was aware, naturally, of the intimacy that previously was absent in his voice. The two officials now seemed to be waiting for his words, but Bardales felt a knot of repentance tightly restricting his throat.

"Don't be ashamed to cry", said the driver, turning around toward him and entering into the conversation for the first time. "Men can cry too."

He then felt authorized to cry, and broke into a long, tearful wailing, the exact source of which he did not know. He eventually calmed down and felt better. The oppressive sensation was gone and he settled down between his two companions, relieved that he no longer felt tormented. He received two friendly pats on the back almost simultaneously. Bardales turned to the official who previously had offered him a cigarette.

"Can you give me a light, compañero?" he asked in a sort of whisper he was barely able to articulate, perhaps feeling still *unauthorized* to use the word, compañero.

Now he takes a long drag on his cigarette and pauses to watch the column of blue smoke drifting upward over his worktable. Next he turns all his attention to reading the entire beginning of the short story he had left lying out the day before, and feverishly begins to re-write it.

Afuera

Los viejos nunca hablaron de irse a ninguna parte, aunque a veces parecía que todo el mundo se iría y nos quedaríamos sólo nosotros. Mi tía Emilita ya tenía arreglados los papeles para marcharse a España con su familia, y nada más esperaba la salida de un momento a otro. Se mostraba confiada de que todo marcharía bien, jactándose un poco de su sentido común y de su carácter previsor, el mismo que la había llevado, primeramente a tomar la iniciativa de tramitar la salida del país y, segundo, a convencer al tío Julián de la necesidad de irse por el bien de todos.

—Este país es nada más que para la gente sin aspiraciones —solía decir sin cuidarse mucho ni poco de quien pudiera oírla, en actitud que parecía desafiante. Mi tío Julián le reprochaba en tales ocasiones que siendo tan *despierta* como era no se percatara del peligro que corría con expresarse de este modo, pero la tía se obstinaba diciendo entonces que para callarla tendrían primero que matarla, lo que, precisamente, exacerbaba los temores del tío Julián.

Yo abrigaba de algún modo la esperanza de que en algún momento la tía Emilita me sorprendiera dándome la noticia de que yo también podría irme con ellos, uno más entre mis primos, pero sabía en el fondo que eso no sería posible, que de repente ser primos era casi nada, no parecía tener el valor de siempre. No contaba para nada.

El viejo, sin embargo, parecía no enterarse de aquello ni de nada, y mi madre tampoco parecía alarmada, por el contrario, le reprochaba a su hermana menor que pensara en irse tan lejos de la familia a un país extraño, como si la culpara a ella y no a lo que pasaba a nuestro alrededor de la desvalorización de la palabra *primo*.

—Déjalos —pontificaba— que ya los veré volver muy pronto, con el rabo entre las piernas. Si es que los dejan regresar.

La tía Emilita por su parte, se lamentaba de que yo no fuera su hijo para llevarme consigo, ante la resistencia de su hija Sara que había comenzado a mostrarse contraria a la idea de irse. Cuando, finalmente ésta cumplió un día los años que le hacían falta para la mayoría de edad e hizo bien clara su determinación de no acompañarlos, la tía Emilita no cambió de planes por esta causa como tal vez mi prima Sara esperaba, sino que pareció más decidida que nunca a esperar por el permiso de salida para ella y el resto. Dos grandes lágrimas rodaron por sus mejillas sin que hiciera nada por impedirlo u ocultarlo, pero no pareció alterada más allá de estas dos lágrimas ocasionales. Yo tuve impulsos de abrazarla o quizás de abrazarme a ella como si fueran aquellas mis lágrimas en vez de las suyas.

—Ya tú vez Manolín, hijo, Dios le da barba a quien no tiene quijada —dijo ella abrazándome—. Así opera su justicia.

La tía Emilita me prometió entonces el cielo como quien se halla en condiciones de prometerlo, tal vez porque veía en mi desconsuelo el suyo:

—Algún día, Manolín, cuando seas mayor, si yo estoy viva todavía y no has cambiado de parecer, te voy a reclamar.

Yo estaba dispuesto a no olvidarme de aquella promesa y nunca la olvidé en los años siguientes cuando todavía la tía Emilita seguía esperando obstinadamente el permiso de salida de su familia, con mi primo Eduardo a punto de entrar en edad militar, ni en los años posteriores a aquellos cuando por fin mi primo Eduardo fue llamado a filas y la añorada autorización de salida llegó al fin para los demás. Mi tío Julián tuvo un esperado momento de vacilación cuando leyó el telegrama del Ministerio como si se tratara de una mala noticia, pero la tía Emilita no pareció arredrarse.

—Aquí nos quedan dos hijos que sacar del país, viejo —dijo mirando a su marido a los ojos—. Ahora más que nunca tenemos que irnos. Por su propio bien.

No sé explicarme aún muy bien por qué las palabras de mi tía me infundían una completa seguridad de que algún día yo también acabaría por salir de allí, de que también yo me iría, a pesar de que ella había dicho claramente "aquí nos quedan dos hijos que sacar del país" y aquello únicamente podía referirse a mis primos Sara y Eduardo.

Las palabras *irse* y *salida* habían ido adquiriendo con el tiempo tal intensidad en mí, en la medida en que ganaban en perspectiva y en significado las motivaciones personales, que en el momento de marcharse la tía Emilita, el tío Julián y mi primo Jorge, de nueve años entonces, sentí que algo muy importante se resquebrajaba como si mis propias piernas se llenaran de grietas y mi cuerpo amenazara derrumbarse sobre el piso de la sala que había sido su casa, y era súbitamente la sala de una casa cualquiera, que, irremediablemente fue llenándose de ausencias: en un comienzo, las que imponía el despojo legalizado de los que se marchaban, encubierto con los visos de una recuperación de bienes por el Estado, y después las otras depredaciones del tiempo y los imperativos del diario vivir, que obligaban ocasionalmente a mi prima Sara a vender un mueble, una mampara; restos de un naufragio.

Después de la partida mi padre tuvo, súbitamente un día, la ocurrencia de anunciar que también nosotros de algún modo debíamos marcharnos, irnos a alguna otra parte. La perspectiva de mudarnos a la capital, con todo y ser un horizonte limitado y aun cuando llegaba tarde, encontró en mí una buena acogida. Tal vez por ello mismo un reflejo instintivo le aconsejó a mi madre hacer cuánto estaba a su alcance para disuadir a mi padre y hacerlo desistir del propósito. De cualquier modo el viejo no necesitó de mucho esfuerzo para dejarse convencer. Así pues, la mudada pasó a ser una convención más de ciertos diálogos difusos, una referencia temporal vaga que se invocaba, algunas veces, como la amenaza de un ciclón que había estado a punto de azotarnos, pero de cuyo flagelo nos habíamos librado milagrosamente en virtud de cierta fe.

Por mi parte, en la medida en que las nociones del mundo exterior se expandían mediante breves, inexactas y esporádicas noticias sobre esos países desconocidos cuyos nombres se aprendían en las clases de geografía, más compacto y reducido se me iba volviendo el mundo inmediato, como una chaqueta del invierno anterior que acaba por apretarnos demasiado. Contraria a la idea de verme partir y alejarme de su lado, mi madre se oponía igualmente a que entrara como becario en ninguna escuela o institución de enseñanza. Ahora yo tenía trece años y las infinitas plagas de la adolescencia, moscas pertinaces e incansables, zumbaban constantemente alrededor mío, se levantaban de mi cuerpo y yo tenía la impresión de que anunciaban esas muertes que yo iba muriendo; hacían evidentes a los otros esos cadáveres que yo era. Por un tiempo, entonces, mi pasión por los lugares se concretó a los sellos. Coleccionaba sellos de países remotos donde no hubiera adolescencia y soñaba que afuera era un país inmenso y sin fronteras donde andaría la tía Emilita, el tío Julián y mi primo Jorge de un lugar a otro.

Aquellos fueron años muy duros para todos, pero cada uno parecía empeñado en ocultarlo menos los jóvenes, que nos defendíamos de llevar melenas largas y de vestir de manera extravagante aduciendo que era la moda en todas partes, aunque en verdad hubiera en esta misma protesta de inocencia un contenido transparente. Cuando la policía lanzaba una redada contra *los peludos* y nos sacaba hasta del cine por el pelo, no nos valía de nada defendernos aduciendo que aquélla era la moda. Pero podíamos llegar a los extremos de las actitudes y raparnos enteramente la cabeza en protesta, y hasta pintarnos la piel del cráneo o dejar que el pelo nos creciera nuevamente para llevarlo un poco más largo la próxima vez. Decididamente, todos se hallaban aliados contra nosotros los jóvenes sin importar a qué bando político pertenecieran. Aquél, y no otro parecía ser el verdadero factor de unidad nacional bajo cuya bandera todos militaban con fervor. La policía se hizo cargo de aquel estandarte con la complacencia o con la anuencia de todos. Por eso, cuando me arrestaron una tarde en plena calle, por llevar la cabeza completamente al rape y un juez militar me sentenció luego a permanecer en reclusión domiciliaria hasta que me creciera nuevamente el pelo, mis padres aplaudieron el hecho con toda convicción y agradecieron a los oficiales de la policía la lección que presuntamente me ofrecían. Irónicamente, mi primo Eduardo que ahora se hallaba en su segundo año de Servicio Militar y estaba de visita en nuestra casa por un fin de semana, fue detenido por no llevar consigo los documentos militares que probaban que su recorte era de una índole diferente al mío. Mis padres, sin embargo, encontraron reprensible que alguien pudiera salir a la calle sin documentos de ninguna clase.

En esos años las cartas de afuera se demoraban en llegar una eternidad trayéndonos noticias de la tía Emilita, el tío Julián y mi primo Jorge, y yo seguía coleccionando sellos usados, aunque no con la misma pasión del comienzo. Los sobres de las cartas estaban siempre dirigidos a mi madre, aunque dentro solían hallarse también las cartas dirigidas a mi primo Eduardo y a mí. En esas cartas la tía ya no se quejaba como en el principio de que su hija Sara se negara a contestar sus cartas, pero había un temblor en su voz que lo permeaba todo, tal vez un sollozo contenido que yo asociaba siempre con aquella queja ante la cual mi madre, pontificando siempre, había dicho:

—Pobre hermana mía. Mira que se lo advertí. ¡Los hijos no se abandonan así!

Aquellas palabras de mi madre, repetidas con ligeras variantes terminaron por convertirse en un género de verdad a la que la mayoría de los que las escuchaban asentían, como si no fueran capaces de confrontarlas con hechos y circunstancias que eran de todos conocidos. Por otra parte, esas mismas palabras dichas una y otra vez iban arrojando su sombra en mi interior hasta alcanzar una frondosidad asfixiante que era necesario recortar, desarbolar de un tirón definitivo. Inconscientemente, esperé a que el cúmulo de aquellas palabras se hubiera hecho insoportable, literalmente abrumador sobre mis hombros, para responderle a la vieja en voz muy alta delante del pariente que acertaba a hallarse, que a los hijos había que saber cuando abandonarlos, y que la tía Emilita había actuado con gran generosidad y cordura en medio de una adversidad absoluta. Hubiera continuado, pero el duro silencio de mi madre que ahora me observaba como si yo no fuera yo, sino un agresor desconocido ante cuyo ataque conviene replegarse un instante, me lo impidió. Parecía como si ella también hubiera necesitado un límite y yo se lo proporcioné balbuciendo alguna cosa más a lo que ya había dicho. Entonces me abofeteó con fuerza, al parecer sin ira.

A mi padre le costó menos trabajo aceptar que hubiera cumplido los dieciséis años reglamentarios para el Servicio Militar Obligatorio, y consiguientemente no le tomó de sorpresa mi incipiente independencia de

criterios frente al decir autoritario de mi madre. A lo sumo tuvo unas palabras de advertencia cuando puso en mis manos la copia de las llaves de la casa que antes pusiera en las suyas su propio padre:
—Entra y sal cuando se te antoje. Nada más que no me despiertes si llegas tarde. Tu madre, seguramente, estará esperándote. Ya sabes como es ella.
La espera de mi madre, sin embargo, obedecería a otro signo. Al parecer imprevisto o tal vez persistente y ciegamente obviado por ella, durante todos estos años. No bien la llave que me diera mi padre fue a parar a mis bolsillos cuando se recibió el primer telegrama citándome ante el *Comité Militar de Reclutamiento*. Yo mismo contemplé las dos líneas escasas con un poco de incredulidad, pensando que se trataría de un llamado de rutina para quienes acabaran de entrar en edad militar. Porque si bien en los últimos dos años las notas en mi expediente escolar habían bajado uno o dos puntos, seguían calificando como excelentes y se afirmaba que no era usual en tales casos que a uno lo llamaran a filas pues el *Servicio* se había hecho para los malos estudiantes. Por hallarme más o menos persuadido de esta afirmación no concedí la menor atención al telegrama hasta el mismo día de la cita. Como la misma coincidía con el período de exámenes finales de la Secundaria, tuve que avisar al Director para que se me autorizara a tomar el examen con una clase que se examinaría más tarde. No obstante el arreglo, que naturalmente no tomaba en cuenta la posibilidad real de ser reclutado al primer llamado como en efecto ocurrió, el examen quedaría pendiente de manera indefinida, impidiéndome además graduarme con mi clase y terminar la secundaria. Tres años después, —era la expectativa más halagüeña que se presentaba ante mis ojos— podría recomenzar mis estudios más o menos allí

donde los había dejado, después de concluida la jornada de trabajo de cada día. (La perspectiva de estar obligado a cortar caña de la mañana a la noche durante estos tres años inmediatos, sin embargo, no constituía en modo alguno un estímulo para los que vendrían luego). Más o menos así, se lo hice saber al oficial reclutador que me había comunicado el alistamiento como si debiera sentirme honrado y agradecido.

Por no sentir, no sentí alivio ni agradecimiento alguno siquiera cuando el *Comité Médico Examinador* determinó en un segundo examen que no estaba en condiciones físicas de servir en el ejército. Ya para entonces habían transcurrido dos meses con todos sus días, y ni siquiera la posibilidad de regresar a la Secundaria resultaba viable, pues mi vida había dado un giro en redondo, y al ser despachado a casa pasaba a engrosar de manera automática las filas de *la fuerza laboral*, portador de un código para el que habría una lista de empleos vedados cuando me presentara al único empleador, el Ministerio del Trabajo. (Admito, no obstante, que aún si hubiese existido tal posibilidad yo no habría vuelto). Regresaba a la casa, lo confieso, hondamente humillado como un pobre soldado derrotado en una guerra sin glorias. No sólo me habían elegido de entre muchos otros de mis compañeros y obligado a servir contra mi voluntad, sino que ahora me rechazaban, declarándome inepto para este mismo servicio. Una *Comisión Médica Militar* me ponía ahora anónimamente en manos del Ministerio del Trabajo, portador de aquella certificación cifrada. El Responsable me miró ahora con ojos que parecían de enterado, detrás de sus espejuelos montados, aunque tal vez fuera cierto que no tenía ninguna otra cosa que ofrecerme.

—Créame que me da mucha pena —dijo, disculpándose—. Me gustaría poder ayudarlo, pero créame...

De momento yo no estaba en condiciones de apreciar tanto candor, así que respondí:

—Pues mucha más pena me da a mí, pero no vine a buscar trabajo en las cochiqueras. Mi experiencia con los puercos se acabó.

El Responsable me dijo todavía en voz muy baja que lo pensara bien, que a lo mejor en el futuro se presentaba alguna otra cosa y que entonces sería más fácil para él trasladarme de ocupación, que si yo no aceptaba —él lo sentía mucho— pero que tendría que reportarlo. Eran las instrucciones que tenía.

—¿Usted comprende?

No quise comprender nada.

Cuando mi madre vino a verme a la prisión tampoco pudo o quiso comprenderme.

—¿Por qué tenías que andar buscándole cuatro patas al gato, hijo? Las cosas son como son, y no como quisiéramos que fueran.

La oí decir sin contestarle hasta que tuvo la mala ocurrencia de mencionar el plan. Irónicamente, la única solución que me ofrecían mis carceleros para sacarme a donde se pudiera respirar consistía nada menos que en aceptar el trabajo en las porquerizas por negarme al cual, en primer lugar, me encontraba allí.

—Usted sabe que antes prefiero morirme, mamá —le dije—. Así es que si va a venir aquí para hacerme la vida más difícil, entonces le suplico que no venga.

La vieja vino siempre, siguió viniendo aunque a veces no le permitieran verme, y trayéndome la jaba aunque no le permitieran pasarla. No hubo día en que le permitieran visita que ella no estuviera presente, aún cuando frecuentemente nos trasladaban de lugar sin avisarles a nuestros familiares. Así es que el día en que mi padre apareció en su lugar, supe que había muerto. No anduve preguntándole a mi padre por qué antes no había venido él a visitarme, pidiéndole cuentas. Por eso cuando él quiso explicarme que era muy duro para él verme así, detrás de unas rejas, yo le dije que sí, que seguramente eso era mucho más duro que hallarse detrás de ellas. Luego no supe qué decir. Y hubiera querido decirle algo, pero uno siempre deja pasar los mejores momentos de decir lo que debe o lo que quiere, pensando que habrá otra oportunidad; un mejor momento tal vez.

Lo que no hubiera podido nunca imaginarme es que llegaría un momento como éste en el cual estoy a punto de reunirme nuevamente con la tía Emilita y el tío Julián y mi primo Jorgito, que ya no es ningún niño, aunque sigan llamándolo Jorgito como si lo fuera. Con nosotros estarían también mi prima Sara y su familia, si el ex-marido le otorgara permiso para sacar del país a sus dos hijos de once y trece años; y mi primo Eduardo, si no hubiera desaparecido hace unos tres años, posiblemente tratando de escapar en una balsa. Esta vez, no han conseguido humillarme ni me siento derrotado aunque me hayan echado como un perro rabioso. Estoy aquí. Y eso, para comenzar, ya es bastante. No sé si lo sabía cuando vinieron a decírnoslo allá en la prisión, que habría un barco, muchos barcos esperándonos en el puerto para sacarnos de allí. Nadie se me adelantó entonces.

Somewhere Out There

My parents never talked about leaving the country, even though sometimes it seemed everybody else and his brother was planning to, and we would be the only ones left. My Aunt Emilita already had all her papers in order to move to Spain with her family, and was expecting to get the permission for it at any minute. She seemed quite confident that everything would work out fine, boasting a little about her common sense and foresight that had enabled her to first of all, take the initiative to apply, and to secondly, convince Uncle Julian that the whole effort would be for everybody's benefit.

"This country is only good for people who lack ambition," she used to tell us, not caring about who might overhear her, or you might even say, defiantly. My Uncle Julian warned her on these occasions that being as *aware* as she was, she failed to recognize the risk she ran by speaking up like this, but my aunt held firm saying that in order for her to shut up, they would have to kill her first, which is the very thought that made Uncle Julian nervous.

Somehow I clung to the hope that Aunt Emilita would surprise me at the last minute and tell me that I could go with them as one more sibling among my cousins, but I knew deep down that this wasn't possible, that suddenly, being a cousin was almost nothing, it didn't seem to be worth what it used to be. Right now it didn't seem to be worth anything.

My father, however, appeared to have no knowledge of any of this, or of anything for that matter, and my mother didn't seem alarmed about it either, quite the contrary, she spoke disapprovingly about her younger sister who was thinking of moving so far away from the family to a foreign country, as if blaming her, instead of speaking up about the devaluation of the word "cousin" that was going on right before our eyes.

"Don't pay any attention to them," she commanded, "...you'll see them soon enough coming back with their tails between their legs. The best thing is to pay them no mind."

Aunt Emilita, for her part, lamented the fact that I wasn't her son and she couldn't take me with her, especially since her daughter, Sarah, was resisting and started making it known she was against the idea of leaving. When the day my cousin turned the legal adult age finally came, she made her determination to stay put very clear, but Aunt Emilita didn't let this change her own mind as Sarah was probably expecting; rather, she seemed more determined than ever to wait it out until she and the others could leave. Without her trying to stop or hide them, two large tears rolled down her cheeks, but she showed no other signs of wavering in her decision except for those two chance tears. They seemed more like mine than hers as I had the urge to either hug her or hold on to her.

"You'll find out soon enough, Manolín, my son. God blesses people with things they don't even appreciate," she said embracing me." "That's how his justice works."

Then like someone who was in a position to grant it, Aunt Emilita made me the best promise imaginable, perhaps because she saw in my distress her very own.

"Some day, Manolín, when you're older..., if I'm still alive and you haven't changed your mind, I'll find some way to get you out of here."

I was determined never to forget that promise, and in the years that followed, when Aunt Emilita stubbornly kept waiting for the official permission for her family to leave while my cousin Eduardo was on the verge of reaching the age for military service, I still remembered; and in the years since then, after cousin Eduardo was finally called to serve and the long awaited authorization for the rest of the family to leave finally arrived, I still had not forgotten.

My Uncle Julian had his expected moment of hesitation when he read the telegram from the Ministry like it was an announcement of some sort of bad news, but Aunt Emilita stood firm.

"We'll be leaving two children behind who will need to be taken out of this country," she said, looking her husband right in the eye. "Now more than ever, we have to go. It's for their own good."

I still can't explain very well why my aunt's words instilled in me the certainty that some day I, too, would end up leaving here, that I would be going away also, even though she had clearly said, "we'll be leaving two children behind," and that could only mean my two cousins Sara and Eduardo.

Over time, the words *leave* and *moving* were acquiring so much intensity for me, in so far as I was gaining greater insight and perspective into my own personal motivations, that when the moment arrived for Aunt Emilita, Uncle Julian and my nine year old cousin Jorge to leave, I felt like something very important was breaking apart, as if my own legs were all full of tiny cracks and my whole body threatened to crumble onto the living room floor of what used to be their house, and had suddenly become the living room of a house like any other. Nothing could stop it from filling up with one missing thing after another. In the beginning, it was the legal plundering by the state of the things left behind by those family members who had moved away, disguised by the thin veil of a *recovery of goods* that caused some objects to go missing. Later, there were further pillages caused by time and the demands of daily living that occasionally forced my cousin Sara to sell a piece of furniture here, or a folding screen there; rather like the auctioning off of the remains of a shipwreck.

After their departure, my father suddenly got the bright idea one day that we should leave too, announcing that one way or another we were going to move somewhere else, perhaps Havana. The prospect of moving to the capital, although a limited goal and coming a bit late, still struck me as a good idea. Maybe that's the reason an instinctive reflex advised my mother to do whatever was in her power to dissuade my father and make him give up on the project. In any event, the old man didn't need much persuading to be convinced. And so the move went on to become one more convention of certain diffuse dialogues; a vague, temporal reference that was invoked now and then, like an unwavering faith that spared us from the lashings of a threatening hurricane.

As for me, insofar as my notions of the outside world were broadening thanks to brief, inexact and sporadic news items about events in countries we had learned the names of in geography class, my immediate world was contracting and shrinking all around me, like last year's winter coat that ends up fitting too tightly. Opposed to the idea of seeing me leave home, my mother was equally against my getting a scholarship to attend any school or institute of higher education. By now I was thirteen and the infinite plagues of adolescence, persistent and indefatigable flies constantly buzzing around me, rose up from my body and seemed to herald those deaths I went on suffering; they demonstrated to everyone else the many cadavers that I was. For a while then, my passion for distant places came out in my fixation for postage stamps. I collected stamps from remote countries where there was no adolescence, and I dreamed that *'somewhere out there'* was a huge country without borders, where Aunt Emilita, Uncle Julian and my cousin Jorge could travel freely from one place to another.

Those were very hard years for everybody, but no one wanted to show it, except us young people who wore our hair long and dressed in outrageous clothing, claiming that was the style everywhere else, although in all honesty there really was an obvious message to this innocent protest. When the police launched their policy of rounding up every longhaired youth, even dragging us out of movie theaters by our hair, it didn't do us a bit of good to defend ourselves by claiming that it was the style. Or we would go to the other extreme, shaving our head entirely in protest, or even painting our scalp, then letting our hair grow back even longer the next time. Decidedly, everyone else ended up taking sides against us young people, regardless of what political faction he or she might belong to. That issue and no other seemed to be the principal factor for national unity; the real flag everyone fervidly rallied around. The police were well aware of that standard and had everybody's consent, or their complacency. That's why, when they arrested me one afternoon right in the middle of the street for having my head completely shaved, and a military judge later sentenced me to house arrest until my hair grew back, my parents genuinely applauded the decision and thanked the police officials for the lesson they presumably had taught me. Ironically, my cousin Eduardo who was then in his second year of military service and staying at our house for a weekend visit, was arrested for not having his military ID with him to prove that his haircut was for a completely different reason than mine. My parents, however, found it reprehensible that anyone could leave the house without any kind of identification.

In those years, letters from outside Cuba bringing us news about Aunt Emilita, Uncle Julian and Cousin Jorge were delayed an eternity, but I kept collecting the cancelled stamps, although not with the same passion as before. The envelopes were always addressed to my mother but inside, there were usually letters written directly to Eduardo or me. In those letters Aunt Emilita no longer complained like she did in the beginning about how her daughter Sarah refused to answer her letters. Now there seemed to be a trembling in her voice that permeated all her words, perhaps a stifled sob that I always associated with my aunt's grief and that had my mother in her usual pontificating manner comment:

"My poor sister! But didn't I tell her? Children shouldn't be abandoned like that!"

Those words of my mother, repeated many times with slight variation, acquired an air of truth to which the majority of people who heard them subscribed, seemingly unable to question it in the light of well-known evidence to the contrary. On the other hand, those same words repeated again and again started casting a growing shadow over my inner being, a redundant foliage eclipsing me to the point that it had to be trimmed, cut with one definitive chop. Unconsciously, I waited until the total of those words became unbearable, a literal crushing weight on my shoulders before answering my mother in a very loud voice, heedless of the other family members that happened to be there. What I said was that parents needed to know when to let go of their children, that Aunt Emilita had acted with much generosity and wisdom in the middle of absolute adversity... I would have continued, but the stark silence of my mother, who was looking at me now as if I were someone else, some unknown aggressor whose attack she had to withdraw from a moment, prevented me. It seemed like she, too, was asking for a limit and I provided one by either babbling something else or repeating what I had already said. Then she slapped me very hard, but without any apparent anger.

It was easier for my father than my mother to accept that I had turned sixteen, the age for Obligatory Military Service. Consequently, my incipient independence from the opinions voiced by her authoritarian word came as no surprise to him. He had but few words of advice when he placed a set of keys to the house in my hands; the same set his very father had given him.

"You can come and go whenever you feel like it. Just be sure not to wake me up if you get in late. Your mother, of course, will be waiting up for you. I don't have to tell you how she is."

My mother's waiting, however, would come about as the result of something quite different, something that seemed unforeseen or perhaps that she simply both blindly and persistently ignored through all those years. The keys my father gave me had barely settled in my pocket when the first telegram summoning me before the Military Draft Committee arrived. I was a bit incredulous when I examined those two scant lines of the notice, thinking it must have something to do with a routine call-up for anyone who had just reached the age for military service. Even if my school record may have shown my grades had fallen a percentage point or so in the past two years, they still qualified as excellent and it was common knowledge that it would be very unusual for someone with my kind of grades to be called into the ranks, after all, the *Service* was created for bad students. Finding myself more or less persuaded by this contention, I didn't pay the least bit of attention to the telegram until the same day of the summons. This coincided with the high school final examination period, thus I had to let the Principal know of this so that he could authorize me to postpone the final. However, the arrangement, which naturally didn't take into account the real possibility of my being drafted on the first call, which as it turns out is what happened, would mean the exam was left pending indefinitely, and I was prevented from graduating with my class and finishing high school. Three years later, that was the expectation, I could recommence my studies more or less where I had left them off, after completing my stint of manual labor. The prospect of having to cut sugarcane from morning to night during those next three years, however, was in no way an encouragement for the years that would come later. I made that known to the recruiting officer who described military enlistment to me like something I should feel honored and grateful for.

Out of sheer numbness, I felt neither relief nor the least bit of gratitude when the medical examining committee determined on a second examination that I was not physically fit to serve in the army. All of two months had already passed by then, and there was no possibility I would be able to return to high school. I had to admit, however, that even if it had been possible, I wouldn't have gone back. My life had done an about face. I had been dispatched back home and moved on to automatically fattening the ranks of the labor force. I returned home, I confess, deeply humiliated; like a poor, defeated soldier back from an inglorious war. Not only had they singled me out from among my peers and made me serve against my will, now they were kicking me out, declaring me inept for this very same service. A military medical commission then placed me in the hands of the *Ministry of Work*; anonymously, carrying nothing more than a coded certificate that designated some type of predetermined work in the civilian world. The administrator looked at me from behind glasses perched on his nose with the eyes of someone who really knows what the deal is, although it may have really been true that he had no other work to offer me.

"Believe me, I really feel bad," he said, apologizing. "I would like to be able to do something for you, but believe me..."

Suddenly I wasn't in any mood for appreciating such candor, so I answered.

"Well, I feel even worse, but I didn't come here looking for work in the pigsties. My experience with pigs is over."

The administrator told me, still in a very low voice, to really think it over, that in the future something else will probably come up, and then it would be easier to transfer me to another job, that if I did not accept - he was very sorry - he would have to report it. Those were the instructions he had.

"Do you understand?"

I did not want to understand anything.

When my mother came to visit me in prison she couldn't understand me either, nor did she want to.

"Why do you always have to go looking for trouble, son? Things are as they are, not like we wish they were."

I listened to her speak until she made the unfortunate mistake of mentioning the plan. Ironically, the only respite my jailors offered me to get out and breath a breath of fresh air once in a while was for me to accept outside work in the pigsties, the very same duty I had refused earlier and got me thrown into jail in the first place.

"You know that I'd rather die first, mom," I told her. "So if you're only going to come here to make my life more difficult, then don't come at all."

My mother always came, and she continued coming even though they would not permit her to see me, and she kept on bringing her basket of goodies even though they never let her leave it for me. There was not a single visiting day that she didn't come, even when they transferred us to other prisons without telling our families; which happened a lot. So the day my father came in her place, I knew she had died. I didn't bother confronting him about why he had never come to see me before. That's why, when he started getting into how hard it was for him to see me behind bars, I told him, yes, that had to be so much harder than finding oneself behind them. Then I didn't know what to say. I would have liked to have said something to him, but you always let those best moments pass by; those moments when you should have said or wanted to have said something, thinking there will be another opportunity; another better moment, perhaps.

What I never would have imagined is that a moment like this would arrive, in which I am about to be reunited with Aunt Emilita, Uncle Julian and my cousin Jorgito, who is no longer a child, even though they keep calling him Jorgito, as if he were. My cousin Sara and her family would be with us also, if her ex-husband had granted her permission to take their two sons, ages eleven and thirteen, along with her; and my cousin Eduardo would be here too if he hadn't disappeared around three years ago, probably trying to escape on a raft. This time they haven't been able to humiliate me and I don't feel the least bit defeated even though they are kicking me out like a rabid dog. Here I am. And that, for starters, is quite a bit. I don't know if I was aware of it when they came to tell us back there in prison, that a boat would be waiting, that many boats would be waiting for us in the port to take us away from there[12]. I was the first in line when I heard that.

---

[12]A reference to the *Mariel "boatlift"* of 1980, when then-president Jimmy Carter allowed a large number of Cuban immigrants to legally enter the United States, after the so-called *Peruvian Embassy crisis* in Havana had taken place. Capitalizing on this opportunity, the Castro regime forced many to emigrate, among them political prisoners and common criminals who were in prison at the time, as well as Jehovah Witnesses, followers of the Afro-Cuban Santería religion, homosexuals and even the insane from mental institutions.

La sed

—¿Y qué me dice usted —vuelve a preguntar una y otra vez la responsable del vivero, a los que van llegando por la carretera— lo que se atreven a hacer hoy en día algunas mujeres?

Los que llegan, viejos conocidos todos, se integran sin esfuerzo en esa especie de conversación coral dirigida por ella. Sumergiéndose con deleite en aquel zumbido los que bajan la *Cuestecita del Mulo*, tan pronto llegan parecen olvidarse del motivo que los trae hasta allí. Sólo cuando la conversación, o el monólogo que produce la *Responsable* del vivero se cortocircuita, vuelve a recordarse al muertecito de Lala, para el que se busca una corona o algún arreglo floral, y que, después de lo otro, es el acontecimiento más notable ocurrido en el pueblo en mucho tiempo.

—¡Las cosas que se atreven a hacer hoy en día algunas mujeres! —vuelve a oírse de vez en cuando como si alguien se hallara fuera del tempo de la conversación, o más bien, como si aquella se atascara sin echar mano a la frase.

—Mano fuerte es lo que hace falta, Veneranda —pontifica ahora una de las mujeres que acaba de llegar—. ¡Mano fuerte con la juventud!

—Lo que se dice no tener vergüenza —dice la responsable a su vez, respondiéndose a sí misma.

—¡Era verde! —dice otra— Y se la comieron los chivos...

—Eso mismo, sí, señor. Pasto y yerba de Guinea.

Sentada detrás de una mesa improvisada frente a la cual se alinean los que llegan, Veneranda no deja escapar el menor detalle. De repente los ojos atrapan algo en el aire, —impreciso, aún por determinarse— y lo van reuniendo con pericia mediante los retazos de sí mismo que se le han ofrecido. Acaba por apartar la vista del papel que tiene frente a sí, y la levanta para contemplar impertérrita a la joven mujer que tiene delante. Detrás de ésta, algunos hombres han estado gastando bromas a su costa por causa de la minifalda que lleva puesta.

—Bueno, *mi'ja,* usted dirá qué se le ofrece —dice ahora Veneranda echándose ostensiblemente hacia atrás en su asiento y observando de arriba a abajo a la muchacha que tiene en frente, con su mirada escrutadora y desaprobatoria. La muchacha no se deja intimidar por esta mirada, aunque experimente una suerte de embarazosa desnudez mientras la *Responsable* le examina los muslos como quien contempla un pedazo de carne que le colgaran delante de los ojos.

—Una corona de las grandes a nombre de toda la escuela, por favor —comienza a decir la muchacha, y se interrumpe cuando observa la distracción intencionada de la mujer, que sigue tasándola con la mirada—. ¡Una corona, de las grandes, a nombre de la escuela —vuelve a intentar con evidente esfuerzo la que habla.

Detrás de su escritorio Veneranda comienza a crecerse. Con calculada lentitud se va poniendo de pie rodeada del gran silencio que la circunda, y por un instante puede tenerse la impresión de que su cuerpo creciera verdaderamente. Con un dedo enérgico y ofendido que se saca de la mano, indica entonces la salida a la muchacha.

—Mi'ja, aquí se viene con ropa, o no se viene. Las mujeres de aquí somos decentes. ¡Son las de afuera las que muchas veces no lo son! Vístase en su casa y vuelva entonces para tomarle el pedido ése que quiere.

La muchacha enrojece de golpe, y de momento no sabe por dónde escapar. A su espalda se inicia un murmullo que la envuelve y frente al cual se siente completamente indefensa, acaso porque de él no consigue distinguir más que una u otra frase repetida que acompaña su nombre. Sin embargo, puede tanto su miedo que se queda. La mano de Veneranda acaba por caer de su propio peso sobre el costado del cuerpo.

—Aquí hablamos claro, compañerita —dice aún con insistencia, pero sin la convicción de antes, ahora que el brazo caído le resta un poco de su fuerza anterior. La muchacha entre tanto ha comenzado a reponerse, y a buscar en la bolsa que acarrea alguna cosa contundente que la resarza seguramente de su humillación. Por su parte, la *Responsable,* que no está dispuesta a transigir con aquella mocosa, irritada por el fiasco aparente de su acto de intimidación pega un golpe sobre la mesa con la mano huesuda y nudosa—. ¡Se acabó...! —dice—. Ahora sí que se acabó mi paciencia. O usted se va ahora mismo...

Conteniéndose a duras penas las lágrimas que pugnan por brotarle a los ojos, la muchacha insiste en hallar en su bolso un pañuelo o alguna otra cosa, pero sin ceder un paso, y de repente, vuelca sobre la mesa su contenido.

—Usted no tiene ningún derecho a tratarme así —dice ahora, hipando fuertemente y poniéndole delante de los ojos a Veneranda varios carneses que tienen la virtud de hacer recapacitar a la mujer—. Yo soy una compañera consciente —comienza a decir la muchacha desplegando frente a los ojos de la mujer toda su vida en carneses—. ¡Y una revolucionaria integrada...! Y desde luego, una compañera moralmente solvente.

Ahora puede oírse de repente el zumbido de las moscas sobre los depósitos de basura donde se descomponen los restos vegetales. A la vista de tanta militancia, veneranda comprende que ha actuado precipitada e irresponsablemente delante de los vecinos.

—Compañerita —dice ahora, después de un largo suspiro—. No se trata de nada de eso. —Hace una pausa para tragar saliva mientras que da la vuelta a la mesa y se

167

coloca al lado de la muchacha—. Eso se ve por encima de la ropa —dice sin percatarse del sentido de su propia frase. Le echa por encima de los hombros el brazo y agrega ya con toda convicción—: ¡Más sabe el diablo por viejo, como dicen!

La muchacha se echa a llorar finalmente, y Veneranda aprovecha este momento para arrastrarla consigo hacia otro extremo del vivero donde crecen las posturas, sustrayendo así la conversación a los testigos. De vez en cuando se la ve darle tironcitos afectuosos.

—Había oído decir tantas cosas de usted

—Lo mejor que puedes haber oído decir es que no tengo pelos en la lengua. Bueno, eso ya lo has visto.

—¡Y que usted era una compañera muy abierta!

—¡No, y lo soy! Que no te quepa la menor duda de eso. Tú eres nueva aquí, y no sabes, como dicen, de la misa la media. ¿Cuántos años tienes, ¿a ver?

—Veintitrés cumplidos.

—¡Veintitrés! Todavía tienes una vida por delante.

—No soy ninguna niña.

—A mi lado, aún estás de teta.

Por indicación de Veneranda uno de los trabajadores del vivero se ha hecho cargo de anotar los pedidos. El hombre, de estatura mediana, se improvisa detrás del escritorio que lo desborda con sus dimensiones. Es evidente para todos, seguramente también lo es para él, que al instalarse en el sitio de Veneranda se le encomienda perpetrar una usurpación. De manera que sin hacer caso de él, la gente está comentando lo sucedido, y sin saber cómo ni por qué terminan por hablar nuevamente de las reclusas metiéndose en el pueblo el día antes:

—Al pobre gallego se le metieron dos de *ésas* en la cama

—¡Como sus madres las trajeron al mundo!

Los hombres envidian la suerte del gallego de cuya próstata cancerosa se compadecen.
—Dios le da barba, como dicen, al que no tiene quijada.
Aparte, las mujeres desenredan incansables una y otra vez la misma madeja descolorida:
—Pero hay que estar locas de remate para hacer una cosa así.
—Poca vergüenzas lo que son.
—Se dice que son mujeres de afuera.
—¡Natural! Que lo que son las de aquí no creo yo que se atrevan a tanto.
—¿Y de qué manera se escaparon, vamos a ver?
—Algún descuido, a lo mejor.
—Esas mujeres se cuelan hasta por el ojo de una aguja. Eso se ve.
—Las tendrían en una granja abierta.
—¡Qué barbaridad! Y a quién pudo ocurrírsele?
Todas las mujeres han formado un medio círculo alrededor de la más joven que parece abstraída, contemplando el vuelo errático de las mariposas sobre las macetas casi marchitas.
—Yo las vi apearse de las carretas y empezar a correr...
—¿Y se metieron a las casas?
—Como lo oyes. Y hasta pidiendo agua y comida.
—¡Qué clase de descaro! Mano dura es lo que se necesita
—Y la gente hasta con sus niños recién nacidos, capaz de agarrar alguna de esas..., enfermedades ¿verdad?
La muchacha que permanece en el centro del círculo dice de repente, sin que se dirija al parecer a las demás mujeres:
—A lo mejor volvían del campo con mucha sed.

169

—Éstas se quedan en silencio un instante, sin saber de momento qué decir. Y asustada por este silencio repentino a su alrededor que la hace consciente de su propia osadía, la muchacha comienza a desdecirse—: digo yo, ¿no? —dice, ayudándose de todo el cuerpo para añadir convicción a sus palabras—. ¡Nada más que por decir! ¡No me hagan caso!

Thirst

"And what do you think," the woman in charge of the nursery keeps asking everybody arriving from the main road, "... about the things some women have the nerve to do these days?"

The people arriving, well known to each other, join effortlessly into this sort of choral conversation she is directing. As soon as they get there, those who have walked down *The Slope of the Mule* seem to forget why they have come in the first place, submerging themselves with pleasure into the banter. Only when the conversation, or monologue, the woman in charge of the nursery is generating gets short circuited do they remember the reason they have come is to order a wreath or bouquet of flowers for the funeral of Lala's little boy, which second to this other business, is the most talked about thing in town.

"The things some women have the nerve to try to do these days," is the phrase that keeps being heard from time to time, as if a voice were out of sync with the conversation, or as if the conversation would get nowhere if it did not grab onto the phrase.

"What they need is a good kick in the pants, Veneranda," comments one of the women who is arriving. "A good kick in the pants to every young person!"

"That's what you call having no shame", says Veneranda in response to herself.

"Young folks don't have a bit of it theses days!" said another woman.

"You got that right, yes sir-ee."

Seated there behind an improvised table in front of which people are lining up as they arrive, Veneranda leaves no detail go unnoticed. Quickly, her eyes capture something in the air, inexact and yet to be determined, then skillfully put together the puzzle pieces of the image that have been offered to them. She has just lifted her gaze from the paper in front of her to scrutinize the young woman standing before her. Several men behind this woman in line have been making jokes about her because of the miniskirt she is wearing.

"Well there, my girl, just how can I help you?" Veneranda asks, ostensibly shifting backwards in her chair and examining the young woman from top to bottom with an all-inclusive but disapproving stare. At first the young woman does not let herself be intimidated by this glare, although she experiences a sort of embarrassing nakedness as Veneranda examines her thighs like someone examining a piece of meat that is hung in front of one's eyes.

"A large wreath in the entire school's name, please," the young woman starts to say, but is interrupted when she notices the intentional distraction of Veneranda who continues appraising her. "A wreath, a large one, in the school's name!" She says again, this time with obvious emphasis.

Behind her desk Veneranda begins looming larger. With calculated slowness she rises to her feet amid the great silence surrounding her and for a moment it seems as if her body has actually grown. With a vigorous gesture of someone offended, she points with her hand for the young woman to leave.

"Listen, child, either put some clothes on when you come here or don't come here at all. We are all decent women, who live here. It's the outsiders, the women who don't belong here who aren't. Now, go home and get dressed, and then you can come back here and get whatever it was that you ordered."

The young woman's face suddenly flushes bright red, and for a moment she has no idea how to escape the situation. A murmur of voices starts up behind her, and she feels completely defenseless in front of it, as if it envelops her, because she hears her name being mentioned in repeated phrases but cannot make out the rest of what is being said. Her fear is so great, however, that she stays put. Veneranda's pointing hand finally falls from its own weight back to the side of her own body.

"We don't mince words around here, little compañera," she is still insisting, but not with the same conviction as before, now that her lowered arm strips some of the previous vigor from her. The young woman, meanwhile, has started to collect herself, and looks in the handbag she is carrying for some convincing item that just might make up for her humiliation. For her part, Veneranda, who is not about to yield to the young woman's persistent annoyance and irritated by the apparent fiasco of her attempt at intimidation, pounds her gnarled, boney fist on the table. "That does it!" She says. "I've had about enough of you. Either you get out of here right now..."

Barely able to contain her tears but without yielding any ground, the young woman insistently rummages through her handbag for a handkerchief or something to dry her eyes and suddenly spills the entire contents out onto the table in the process.

"You have no right to treat me like this," the young woman says now, whimpering loudly as she holds up various identification cards to Veneranda's eyes, making the older woman reconsider. "I am a conscientious compañera", the young woman starts to say, displaying her whole life in identification documents before Veneranda's eyes. "And a complete revolutionary... and, of course, a morally solvent compañera."

The buzzing sound of the flies hovering over the trash barrels holding the nursery's decomposing vegetation is suddenly heard. Seeing so much resistance, Veneranda realizes she has acted precipitously and irresponsibly in front of her neighbors.

"My dear compañera," she now says after a long sigh. "That doesn't have anything to do with it." She pauses a moment to swallow her saliva while she walks around the table to stand next to the young woman. "Clothes don't make the man," she says, unaware of the meaning of her own expression. She rests her arm over the young woman's shoulders and adds self-assuredly: "The expression 'older and wiser' also applies to the devil!"

The girl finally bursts into tears, and Veneranda takes advantage of this moment to guide her away to the part of the nursery where the seedlings are planted to be out of earshot of any witnesses. She can be seen giving the girl affectionate nudges once and a while along the way.

"I've heard so many things said about you," the girl begins.

"Then you must have heard that I don't pull any punches. Anyway, you already know that by now."

"But I also heard you were an open-minded compañera!"

"Really? And I am! Don't doubt it for a second. You're new around here and don't even know half the drill, as they say. Let's see, how old are you?"

"I turned twenty three this year."

"Twenty three! You still have your whole life ahead of you."

"I'm no child."

"Compared to me, you're still nursing at your mother's breast."

At Veneranda's direction, one of the workers in the nursery has taken charge of writing down the orders.

The broad desk behind which he sits and tries his best dwarfs the man, of medium height. It is obvious to everyone, and certainly himself, that he is being asked to usurp Veneranda's power just by being in her place. So without paying any attention to him, the people start talking about current events, and knowing neither how nor why, they end up talking again about the female prisoners who escaped into town the day before.

"Two of them got right into bed with the old Spaniard, poor guy".

"In their birthday suits!"

The men envied the luck of the elderly Spaniard, whose cancer of the prostate they also pitied.

"You know what they say, God blesses a person with the very thing he can't appreciate".

Apart, the women went on spinning the same, tired yarn over and over.

"But they had to be completely crazy to do something like that."

"How shameless can you get!"

"I hear they're not from around here."

"Of course not! I hardly think the sort of woman we have around here would ever dare to do such things."

"How did they get out in the first place?"

"Somebody's negligence, probably."

"Those women could manage to squeeze themselves through the eye of a needle. That's for sure."

"They must have had them in a farm without any fences or guards."

"What incompetence! Who could have come up with that idea?"

The women have all formed a semi-circle around the youngest among them who seems distracted, contemplating the erratic flight of the butterflies over the half-wilted flowers in their pots.

"I saw them jump down from the carts and run off..."

"And they ran into people's houses?"

"Just like you heard. They were even asking for water and food."

"That takes a lot of nerve! What they need is a good kick in the pants."

"And just think of those people, some even with newborn babies susceptible to catching one of those... *diseases*. Isn't that right?"

The girl who remains in the center of the circle suddenly speaks up, but seemingly not directing her words to any of the other women in particular.

"They probably came from the countryside really thirsty."

The rest of the women pause in silence for a moment, not knowing what to say. And frightened by this unexpected silence around her, which has made her self-conscious of her previous boldness; the girl starts to retract what she said.

"It was just a thought, O.K.?" Using her whole body to make gestures that add conviction to her words. "Nothing to take seriously! Don't pay any attention to me!"

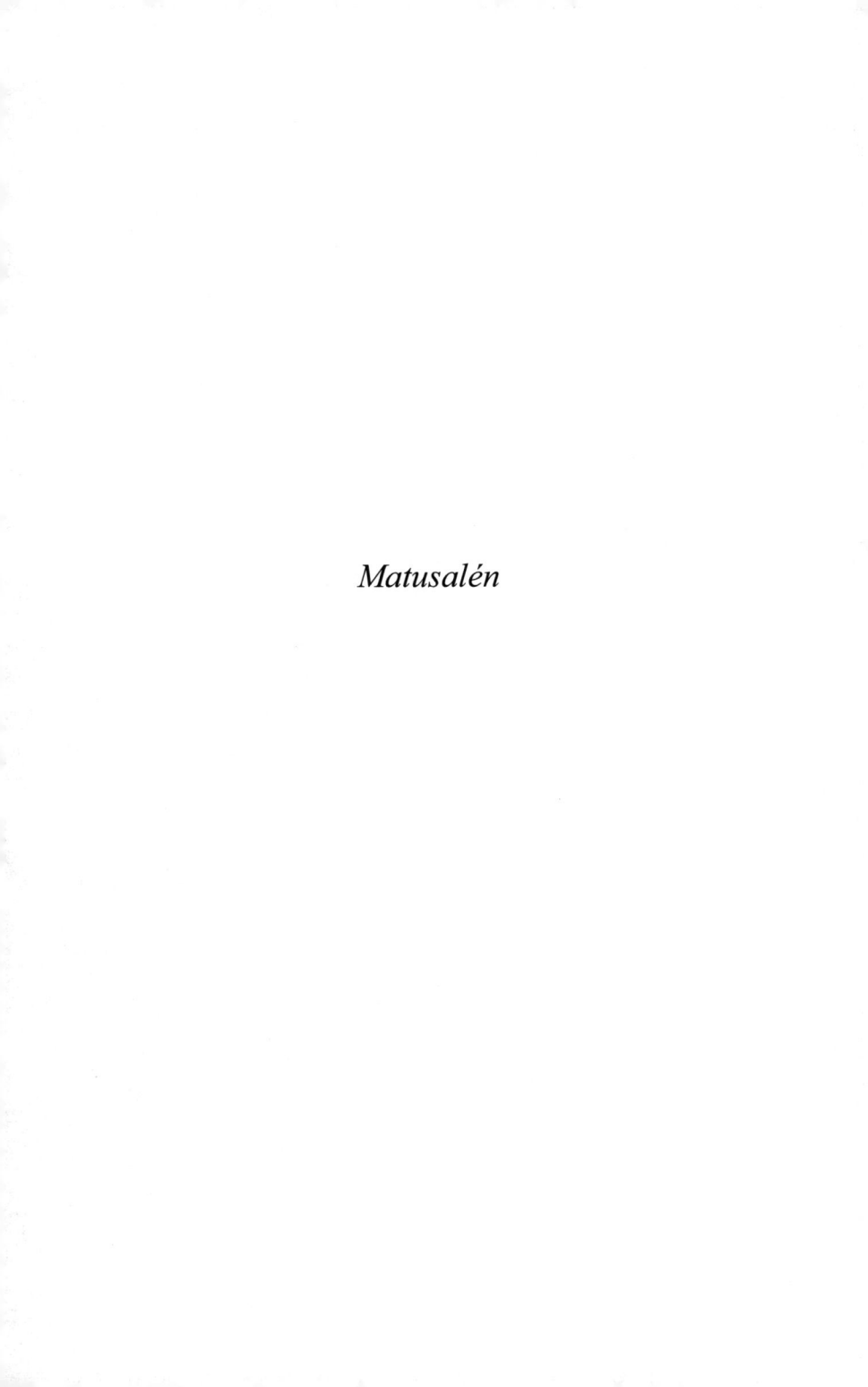

Matusalén

Era un hombre muy viejo el negro Matusalén. De edad indefinible. Había estado ahí siempre, o al menos eso podía creerse, que no vino de ninguna parte, sino que se levantó del suelo como un tallo. Y ahí andaba, espigado a pesar de su jolongo de años que ni él mismo hubiera sido capaz de calcular, a pesar de toda su sabiduría. Para burlarse de él, o para reír a su costa, los jóvenes solían preguntarle:

—¿Cuántos años vas a cumplir, Matusalén?

Y él a su vez para mofarse de ellos, enseguida que veía la punta con que se buscaba aguijonearlo decía invariablemente:

—Como setecientos, cabrones. ¡Años tengo de sobra pa' repartir! Conque miren a ver, ¿eh?

Se trataba de un intercambio de simplezas conque unos y otros se reconocían en los hábitos de un pueblo pequeño donde todos indefectiblemente habían de conocerse, pero de ahí no pasaba la presunta provocación, porque tarde o temprano los muchachones venían a sonsacarle cuentos que el viejo prodigaba con la naturalidad de un mago que se saca del sombrero un ramo de flores, o un conejo con los ojos amatista. Este año, sin embargo, o lo que de él había transcurrido, las ocasiones de contar escasearon para Matusalén, al punto de que uno de sus relatos —interrumpido por causa de los imperativos que de repente pesaban sobre su público—, seguía esperando el momento propicio para ser terminado, sin que éste se produjera. Toda la población menor de sesenta años había sido trasladada al campo, *movilizada* —como ahora se decía— *para volcarse* a la cosecha de este año, y hasta la panadería del pueblo había cerrado dejando sin pan a los residentes que estaban reducidos a permanecer en sus casas: viejos, niños y enfermos todos ellos; lo mismo que el cine, y hasta el club social para obreros retirados. En todas partes se encontraba uno con el mismo letrero: *Todos en la Zafra*, que al decir de Matusalén sólo significaba:

—El que va se jode, porque ése no es trabajo sino esclavitud, y el que no, *que se joda también.*

El jolongo de años sobre sus espaldas parecía pesarle más al viejo a causa de la contrariedad que sentía. No, a la muerte no la temía él. Era ver el pueblo desierto lo que lo apocaba, y las calles sin ruidos de voces las que lo entristecían. Dos veces por día seguía pasando por casa de la vieja María, (que por ser menos vieja se ocupaba de él como si fuera hija), para almorzar a eso del mediodía, y a la hora en que se suele cenar para tomar algún bocado que llevarse a la boca antes de dormir, no fuera a ser —decía el viejo— que tuviera que emprender esa misma noche aquél viaje por el que tanto había esperado y que no acababa de llegar, y lo sorprendiera la muerte sin un mendrugo en el estómago para hacer la travesía.

La vieja María se encargaba asimismo de administrarle la jubilación que su difunto esposo le tramitara al negro antes de morirse, pensando para sus adentros, —decían las malas lenguas, que Matusalén se moriría antes dejándole acumular entre tanto una pequeña fortuna que heredar—. Pero esos eran chismes de la mala gente —se juraba a su vez María, que no hubiera podido atribuirle un solo mal pensamiento a su difunto marido— y seguía administrando las economías de Matusalén sin cuidarse ni mucho ni poco de las habladurías. Si al viejo le faltaba un pañuelo ahí andaba María a la búsqueda del mismo hasta encontrárselo en los almacenes; o bien se sentaba a la máquina de coser para pespuntear un pañuelo improvisado de un retazo de camisa que se había hecho jirones con el uso; tampoco se andaba con reparos a la hora de zurcir o de lavarle un par de calcetines, y muy pronto terminó haciéndose cargo de todas las obligaciones de Matusalén. Así es que como tenía tiempo, del almuerzo a la cena se lo pasaba éste, cazando con sus ojos atentos rodeados de arrugas, a cualquier transeúnte para endilgarle de un tirón la historia inacabada. La vieja María, no sabiendo qué hacer con los ahorros del viejo si éste se moría de repente, le daba vueltas hasta para vigilar su respiración, y por último se volvió disipadora.

—Aquí tiene otra muda nueva para cambiarse, mi viejo —le soltaba a boca de jarro, para salir del paso lo más pronto posible, como quien ha hecho algo de cuyas repercusiones no puede estar seguro—. He pagado por ella el doble de lo que cuesta en el mercado oficial, que ya es el doble y un tercio de lo que realmente vale, pero uno nada más que se lleva de este mundo lo que se goza, según dicen, y nada más que se vive una vez, al menos que se sepa.

Esta vez Matusalén afiló los ojos pequeños detrás de las ranuras de sus párpados. Sus ojillos lanzaron destellos de picardía y se aguzaron todavía más como los ojos de los chinos, antes de decir:

—Si doña María viene con augurios, Muerte está cercana, cará'.

La vieja María sintió ganas de echarse a llorar y le dijo al viejo la que consideraba una mentira:

—Qué va, taita, usted nos entierra a todos. ¡Ya lo verá!

Porque estaba convencida de que la muerte se había instalado cerca para no perder un minuto cuando la hora llegara. Dos veces se la había cruzado en la calle y bajo su apariencia de fuereña María había podido reconocerla. Estaba instalada cerca, en una pieza del único hotelucho del pueblo, que milagrosamente se mantenía abierto, y la vieja estuvo tentada más de una vez de dirigirse a ella pidiéndole alguna cosa —no sabía muy bien qué— algún plazo posiblemente, una extensión para el viejo; si no lo hizo fue por no saber de qué manera hablarle a esa señora de afuera, con un aire tan cotidiano que en nada evocaba las imágenes que tenía de la muerte. Seguramente, pudo más en ella su miedo al ridículo que cualquier otro sentimiento, de modo que acabó por desistir de sus pretensiones y hasta llegó a convencerse de haberse engañado respecto a la forastera. Por eso la visita de aquella extraña en su casa fue lo más inesperado que pudiera pasarle. No porque no pensara que podía morirse como cualquiera, sino porque la cercanía de la muerte no le había anticipado aquella corazonada. Así es que, lo último que pensó antes de morirse doña María fue en lo que sería ahora de Matusalén.

El viejo entró a la casa en el momento en que la muerte con su mano helada acababa de cerrarle los ojos a la vieja María. Matusalén se persignó ante el cadáver y oyó a la muerta decirle todavía mientras se alejaba:

—¿No se lo decía yo, taita? ¡Usted nos entierra a todos!

El viejo se echó a llorar junto a la cama, gimiendo su desolación como un niño pequeño; se tiró del pelo blanco muy pegado al cráneo y finalmente, después de haber llorado, se incorporó de un salto como si volviera a tener veinte años, comenzó a girar alrededor de la cama donde yacía el cadáver y a pegar pequeños y continuos saltos.

En el velorio, a pesar de la poca gente reunida en torno al ataúd, Matusalén terminó su cuento interrumpido, y pasó despierto toda la noche para contar uno tras otro, interminablemente, mientras hubiera una persona que quisiera escucharlo. A eso de las tres o las cuatro de la madrugada, sin embargo, se quedó dormido. Despertó con un sobresalto de sombras, rodeado de fantasmas, algunos de los cuales ya había olvidado a pesar de tan proverbial memoria como era la suya. Se disculpó amablemente por no reconocerlos a todos y oyó en silencio las cosas que éstos tenían que contarle del más allá. Cuando el último hubo terminado, Matusalén les imploró vivamente que esta vez no lo dejaran atrás, pero los aparecidos fueron disipándose en silencio como absorbidos por la niebla que los rodeaba.

Después volvió a dormirse, y cuando despertó de nuevo oyó con alegría las voces de algunos jóvenes con su campanilleo familiar, los que se acercaban a él para preguntarle:

—¿Cuántos años vas a cumplir, Matusalén?

Ocultando sus lágrimas, el viejo no demoró en responder:

—¡Tal vez mil..., cabrones!

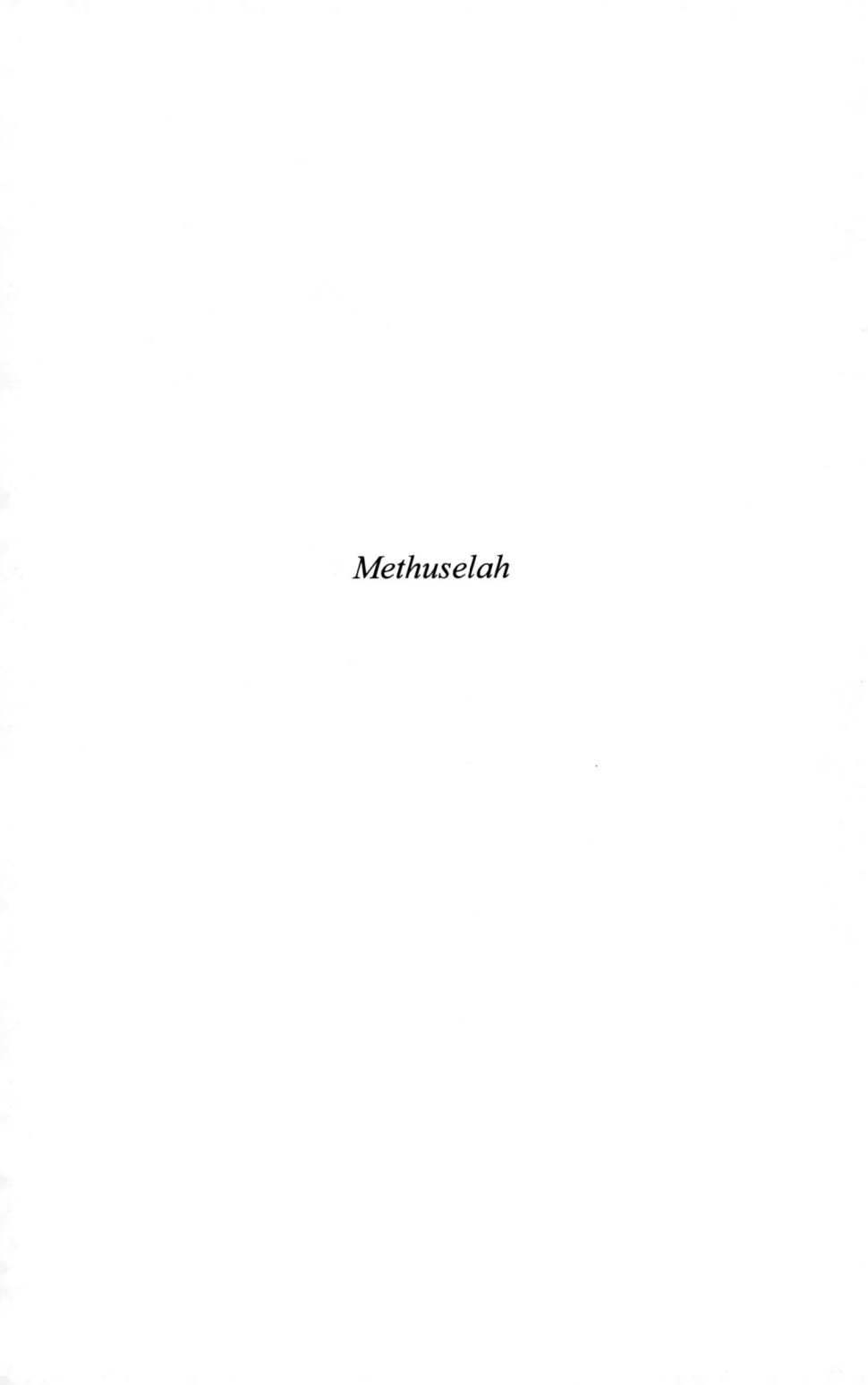

Methuselah

He was a very old black man, that Methuselah. No one knew his real age. He had been around forever, or so it was believed, since he was from nowhere in particular and it seemed he had sprung right out of the ground like a sprouting plant. There he walked, so straight and upright despite the burlap sack full of years that even he could not keep count of, with all of his wisdom. To make fun of him, the youngsters used to repeatedly ask.

"How old will you be this year, Methuselah?"

And he, in response, as soon as he understood how they were trying to goad him on, would invariably answer to make fun of them.

"About seven hundred, you bastards. I've got so many extra years I have to give 'em away. What's it to you?"

It was just a playful, verbal interchange whereby someone recognizes another person, in tune with the habits of a small town where invariably everyone knew each other. Nothing ever came of the challenge because sooner or later the boys managed to cajole stories from the old man that he produced with the natural flair of a magician who draws a bouquet of flowers or rabbit with amethyst eyes out of a hat.

This year, however, or at least the part of this year that had already passed, the opportunities for storytelling grew less frequent for Methuselah, and there even came a point at which one of his tales had to be interrupted because his audience had other obligations, and its conclusion was left hanging for some later time that never arrived.

The delay was due to the fact that everyone less than seventy years of age had been relocated to the countryside, sent to the sugarcane fields to "embrace this year's crop" —as they now termed it— but bending over backwards was more likely, and everything was closed, from the movie theater and the social club for retired workers, to even the town bakery, which meant there was no bread for the people who were left behind in their houses, all of them either elderly, newborn or ill. You could find the same sign everywhere: *Gone to Harvest Sugarcane*, which as Methuselah would say really meant:

"If you go to the harvest you're screwed, because the time you put in there isn't work, it's slavery; but if you don't go, you're screwed as well."

The burlap sack of years he shouldered weighed heavier on the old man because of the annoyance he felt. No, he was not afraid of death. It was seeing the town so deserted that discouraged him, and the streets devoid of the murmur of voices that saddened him. Twice each day he would stop by the house of old María, who, because she was not quite his age, looked after him like a daughter. He ate lunch there at noon, and at the usual dinnertime he picked up some food to take home with him to have a bite to eat at bedtime. He always said that should death call on him that night to undertake the final journey, the one for which he earnestly awaited but was yet to arrive, he was not about to be caught by surprise and without a morsel of food in his stomach.

María, herself, took charge of handling the money of Methuselah's pension payments that her deceased husband had arranged before he died. Wagging tongues had it that María's husband assumed Methuselah would die before him, and arranged the pension checks so that he would have accumulated a small fortune by the time that happened. But that was just idle gossip of malicious people —swore María, who always thought the best of her deceased husband— and continued to take charge of Methuselah's finances, paying little attention one way or the other to the gossip. If the old man needed a handkerchief, there was María searching in the department stores until she found one for him; or if necessary she might even sit down at her sewing machine to stitch together a handkerchief out of a fragment of cloth rescued from a shirt that had become frayed from so much use. She would not hesitate to mend his clothes when needed or wash a pair of socks for him, and very quickly ended up taking charge of all of Methuselah's needs. Because of that, he could spend the time between lunch and dinner using his intent, wrinkle-encircled eyes to track down any passer-by to unload on that person the ending of the unfinished story. Old María, who would not know what to do with the old man's savings should he die suddenly, found herself going out of her way to keep watch over his every breath, and turning into a spendthrift.

"Here's another new change of clothes for you to wear, old-timer," she blurted out, to have it said as quickly as possible, like someone who has done something wrong. "I paid twice what it costs in the official market, which is already two and a third times what it's really worth, but you can't take money with you into the next world so you may as well enjoy it. And you only live once, as far as we know."

Keenness showed in Methuselah's eyes behind the slits of his eyelids, a glint of mischief that before he spoke made them sparkle even more, like the eyes of a Chinaman.

"If Dona María is predicting futures, then I'll be darned, Grim Reaper must be close at hand."

Old María wanted to burst into tears and she said something she thought was untrue.

"Don't be silly, old-timer, you're going to outlive all of us. Just you wait!"

But in all honesty, she was convinced that death, so as not to lose a minute when it's hour arrived, had settled in somewhere nearby. She had crossed paths with it twice on the street and was able to recognize it masquerading as a woman visitor. She was staying nearby, in one of the rooms of the ramshackle hotel in town, the only one that miraculously was still operating, and more than once María was tempted to head over there and ask it a favor - she was not sure what, exactly - possibly more time, an extension on the old man's life; but she did not, because she had no idea how to address that woman from the beyond, whose manner was so ordinary, it contradicted all the images María had about death. Her fear of acting ridiculous must have won out over her other sentiments, because she ended up abandoning her claims and even managed to convince herself that she had been mistaken about the stranger. So when that woman came to María's home to pay her a visit, it was the thing she least expected. Not because she had never thought about her own death, rather she was not anticipating such boldness from death while so close at hand. The last thing María thought about before dying was what would become of Methuselah now.

The old man entered the house just at the moment death's cold hand had finished closing María's eyes. Methuselah made the sign of the cross at the sight of her dead body and heard María speak to him as she withdrew.

"Didn't I tell you, old-timer? You're going to outlive all of us!"

The old man burst into tears at the bedside, wailing like a small child. He pulled at the stubs of white hair on his head and finally, after having cried, jumped up suddenly as if he were twenty years old again, and started skipping and jumping in circles around the bed where the body lay.

At the wake, Methuselah concluded his interrupted story despite the small audience, and then stayed awake the rest of that night telling it to one person after another, interminably, as long as there might still be someone who wanted to hear it. At around three or four o'clock in the morning, however, he fell asleep. He awoke with a start to find himself surrounded by ghosts, some of which were people he had long since forgotten, despite such a proverbial memory as his. He politely excused himself for not remembering all of them and listened in silence while they told him things about the beyond. When the last one had finished, Methuselah implored them to not leave him behind this time, but the apparitions silently dissipated before him like wisps of smoke or mist.

Afterward, Methuselah went back to sleep and when he awoke he heard the voices of some youngsters making fun of him.

"How old will you be this year, Methuselah?"

Holding back his tears, the old man was late to answer this time.

"Maybe a thousand, you bastards!"

Limbergh

Del caserío indio se ha borrado toda huella, menos la de sus muertos. Por eso han venido los arqueólogos a desenterrarlos con una curiosidad minuciosa, y están haciéndome preguntas. Se dan cuenta de que también yo soy una especie de desenterrado al que tendrían derecho de exigir unas respuestas. Se las arreglan para preguntarme cómo ha sido posible que un paralítico en una silla de ruedas haya podido dar con el cementerio indígena, y es necesario que les explique en detalle, que diariamente, de cinco y media a seis de la tarde, antes de que el sol se ponga, doy mi paseo a caballo como solía hacerlo antes del accidente, costumbre que adquirí de niño. Desde luego, es necesario satisfacer la reticencia de los inquisidores añadiendo toda clase de detalles. Cómo es que Fino me alza en vilo de la silla de ruedas y me acomoda sobre la montura sin mayor esfuerzo y trota a mi lado sonriente, sin hablar de nada para que yo pueda concentrarme bien en lo que estoy sintiendo: que mi cuerpo se hace uno con el del caballo; que de la cintura hacia abajo el suyo es mi cuerpo, de modo que puedo hasta alegrarme de haber tenido el accidente para poder sentir eso que siento y que dura hasta el momento de volver a la silla de ruedas, porque una persona no puede sentir que se completa en un objeto. De modo que les digo más o menos eso, y que Fino es mi hermano, seis años mayor, el único que no piensa que me he vuelto loco después del accidente y el mismo que les comunicó el hallazgo. Por último, es necesario también que les diga que nada ha ocurrido accidentalmente, que ante todo se trataba de intuiciones y de algunas pistas seguidas a distancia. Pero entonces yo dejo que hable Fino, que sea él quien diga que el abuelo Román decía haber desenterrado una calavera y unos huesos cuando todavía éramos niños y que el viejo decía que aquellos huesos debían ser de indio porque a él no le parecía que fueran de cristiano, aunque no supiera o se reservara decir el porqué. A lo mejor, a la abuela Candelaria se le refrescaba la memoria y podía decir por qué el abuelo Román nunca dio parte a las autoridades. Aunque nosotros pensamos —dice Fino— que a lo mejor el abuelo Román tuvo miedo de que fueran a cargarle el muerto.

En fin, entre el Fino y yo les largamos la historia en todos sus detalles porque la abuela no tiene nada que contar en este asunto. Los interrogadores acaban por marcharse finalmente, después de darnos las gracias para ir hacia la costa al encuentro de los excavadores.

El caserío vuelve a ser paréntesis desde el jeep, que lo atraviesa veloz. Queda suspendido en el polvo y se desploma con él, muy lentamente. Está allá. Allá. En la distancia. (Allá he nacido yo). En un pueblo cuyo nombre impronunciable ha sido inscrito una vez en una tarja de latón al borde del camino y no aparece en los mapas de la región. —Desde luego que no digo nada de esto que estoy pensando.

La *Comisión de Historia Regional* del *Partido* ha concebido el proyecto de declarar "patrimonio histórico" la localización del cementerio indígena junto a la costa, y a su debido tiempo se emprenderá la pavimentación del terraplén que, atravesando el pueblo llega hasta muy cerca del lugar.

Junto a la costa está el embarcadero, o más bien lo que queda de él. Por las noches se ven penar las almas de los vecinos que en el siglo XVII fueron sorprendidos mientras dormían, y acuchillados por el pirata Morgan. Como ocurre siempre, no quedan huellas del poblado, a no ser sus fantasmas.

De regreso al caserío, es decir, cuando el jeep está por entrar en él, me fijo en el letrero cubierto de polvo que está a uno de los lados del camino, y por primera vez cobro conciencia de su significado demasiado evidente para parecerlo. A la velocidad del jeep no se consigue leer el nombre polvoriento inscrito sobre la chapa de latón al lado del camino, sino apenas la primera sílaba que es como un resumen: *Limb*. Y me digo que en efecto, ése es el nombre de este pueblo: Limbo. Pueblo cuya historia ha quedado en suspenso entre el tiempo y el espacio, como si fuera y no fuera —pero nada digo de esto tampoco, naturalmente.

Allí está Fino. Ahí delante. Aguardándome con la silla de ruedas cuando el jeep de la *Comisión Regional de Historia* se detiene frente a la casa. Entonces concluyo para mi coleto que este pueblo condenado a no existir —al menos como otros existen—, tampoco se destruye, sino que permanece en pie, fantasma de sí mismo en busca de una concreción; de una forma transitoria que parasitar para dar así testimonio de su existencia. Incluso en las palabras con que Fino se despide del chofer del jeep se transparenta algo de esta insistencia, me parece:

—Aquí en Limberg nos tienen. ¡A la orden...!

Limbergh

The last trace of the Indian village has been erased except for its dead. That's why the archeologists with their meticulous curiosity have come to unearth them, and they are asking me questions. They see me as a sort of dug up relic, myself, that they seem to have the right to expect answers from. They bring the questioning around to asking me how it was possible for a paralytic in a wheelchair to come upon the Indian burial grounds, and I have to explain to them in detail that every day, anywhere between five thirty to six o'clock in the evening before sunset, I continue the habit of my childhood and take a ride on horseback, just as I did before the accident. Of course, I have to satisfy the distrust of my interrogators by adding all kinds of details. How Fino lifts me from my wheel chair to position me on the saddle without overexerting himself, and how he smiles as he jogs by my side without saying a word so that I can really concentrate on what I am feeling, that is, how my body becomes one with the horse; how from the waist down the horse's body is my body, and that way I can almost feel joyful about having had the accident so that I am able to feel this sensation that I feel, which lasts until the moment I return to the wheelchair, because a person just can't feel that sort of completion with an object. So that is more or less what I tell them. I add that Fino is my brother, six years older, and the only person who doesn't think the accident made me crazy and the very person who informed them of the discovery. Finally, I also have to tell them that nothing has happened accidentally, that most importantly it all had to do with trusting intuitions and following several vague clues. But then I say that Fino should do the talking, that he be the one to tell them about how grandfather Roman had mentioned he dug up a skull and a couple of bones when we were children and how the old man said that those bones had to be from an Indian because they didn't seem like a Christian's bones to him, even though he couldn't pinpoint exactly why. Probably someone could refresh grandmother Candelaria's memory so that she could say why it was that grandfather Roman never shared this information with the authorities. Although we think —Fino says— that grandfather Roman was probably afraid someone would accuse him of murder.

In the end, between what Fino and I can tell them, the whole story unfolds because grandmother has nothing to add. After thanking us, our interrogators finally finish up and leave to head over to the coastal site to meet up with the excavators.

From their speeding jeep, our one-horse town changes back to its parenthetical self as it is traversed in no time. It remains suspended in the dust and crumbles with it very slowly. There it is. Over there. In the distance. There is where I was born; in a town whose unpronounceable name was once written on a brass plaque at the side of the road and does not appear on any of the maps of the region. Of course I don't say any of these things I am thinking.

The Party's Regional Historical Commission has decided to declare the area of the Indian burial grounds next to the coast part of its "Historical Heritage" project, and in its due time will attempt to extend the paved roadway through the town where I was born to end very close to the site.

By the shoreline lies the causeway or what remains of it. At night, spirits of departed souls can be seen grieving; they belong to the people who in the seventeenth century were surprised in their sleep and stabbed to death by the pirate, Morgan. As always happens, there wouldn't be any trace of the town if it weren't for its ghosts.

On the way back to town, that is, just as the jeep is entering it, I notice the dust covered sign off to one side of the road, and for the first time I strike on the meaning of what it says, a meaning whose obviousness kept getting in the way. At the speed the jeep is going it's impossible to make out the name written on the dusty, brass plate by the roadside, except for the barely visible first syllable which is like an abbreviation: *Limb*. And I realize that, in effect, that is the name of this town: Limbo. A town whose history has remained suspended in time and space as if simultaneously it has always and never existed - but I say nothing of this, naturally.

There's Fino, right out front, waiting for me with the wheelchair when the jeep stops in front of the house. Then I realize that this town, condemned to an existence unlike any other, has not been destroyed, but remains standing, a ghost of itself in search of a concretion; of a form to feed off of, to claim its precarious existence. Something of this insistence comes through in the words Fino uses to bid farewell to the driver of the jeep.

"You'll find us here in Limberg. At your command!"

Recuento

Han llegado de noche, mientras dormíamos, con sus camiones cerrados y sus motores silenciosos, y nos han dicho que iríamos de operaciones. Apenas sin tiempo nos obligan a vestir los uniformes y nos empujan a subir a la parte trasera de los convoyes cubierta por una lona. Una vez arriba, el toldo vuelve a cerrarse y nos damos cuenta de que adentro hay más personas. (Estas probablemente duermen). Algunos se revuelven inquietos y dejan escapar, de vez en cuando, un ¡ay! de desamparo, como de quien es asesinado en sueños. Ninguno habla, y por consiguiente, desde el principio nos imponen a los recién llegados este silencio en el que estoy, sin embargo, tratando de hacer comprender a mi hermana que vamos a morir y que es preciso hacer algo, escapar de este sueño, al menos intentarlo. En el fondo, creo que todos sabemos a donde nos llevan por este camino sin árboles ni casas en la alta madrugada en sus camiones cerrados y sin ruido.

He tratado, inútilmente, de desgarrar la cubierta que nos aprisiona, pero al menos he conseguido abrir un pequeño agujero por el que atisbo a la noche de afuera sin sombras, que corre junto al borde de la carretera, iluminada por los faros del camión que nos sigue de cerca. En el camino nos cruzamos también con otros camiones como el nuestro; uno o dos automóviles, un jeep militar y un autobús escolar completamente lleno de muchachos. Lo comunico a mi hermana que siente haber corroborado su certeza de que nada va a ocurrirnos.

—No van a asesinar niños, ¿no?

Observo que los presuntos escolares iban sumidos en un extraño silencio. Y aventuro que tal vez no fueran escolares. Mi hermana finalmente me hace una pregunta embarazosa:

—¿Qué hora crees tú que es?

Trata de explicar de este modo el inexplicable

desconcierto de una clase yendo a cualquier parte en completo silencio. Probablemente —en la oscuridad no puedo precisarlo— mi hermana duerme y se despierta cada vez que aventuro algo, sacudiéndola suavemente primero por uno de los brazos. A pesar de su reticencia, tengo la certeza de que sólo nosotros dos podremos hacer algo, si logramos salvarnos.

El camión comienza a dar tumbos y parece que algunos se despiertan o comienzan a despertarse de ese sueño donde los asesinan, porque lo hacen con ayes espantosos y lamentos. Trato de acercarme a mi padre que ha dicho algo, a lo mejor, también entre sueños y le pregunto:

—¿Qué? ¿Qué dices?

Pero él no me responde sino que se dirige a mi madre. Como hay tanto silencio en que fijarse, sin embargo, es posible que todos menos yo hayan podido oír de qué se trata.

Vuelvo a mirar a través de la ranura a la noche de afuera que ahora se confunde avasalladoramente con la dimensión en que nos hallamos. Los otros camiones del convoy deben haberse retrasado porque no se divisan sus faros, sino tan sólo un resplandor disperso allá, muy lejano, que yo confundo con el de la ciudad, pero que debe ser el de los demás vehículos. Entonces se apodera de mí un deseo frenético de escapar de este sueño y me aplico con determinación a tratar de rasgar esta lona que nos aprisiona. Ahora pienso que si al menos yo logro salvarme, tal vez no todo esté perdido para ellos.

De pronto, como en un suspenso, el haz de luz de una linterna ilumina el interior del camión, desplazándose sobre el piso donde yacemos. Mi padre ha tenido la prevención y el tiempo justo para apoderarse de una linterna antes de salir, por si hiciera falta, y la ha

mantenido oculta todo este tiempo.
Oigo a mi madre decir en un susurro:
—¡Dios mío! Convencida de que Dios habrá de oírla de todos modos, a pesar de este silencio. Mi padre ha vuelto a dirigirse a ella o tal vez a sí mismo, porque su voz tiene otro registro.
—Es sangre —ha dicho—. Todos están muertos.
Mi hermana se ha incorporado, y le arrebata la linterna a nuestro padre para dejarla caer enseguida.
—No puede ser. Esto es una pesadilla —dice, histérica.
La linterna se ha roto al caer, pero en la oscuridad reconozco su voz. Sólo entonces sé que por fin estamos de acuerdo. Si por lo menos nosotros conseguimos salvarnos...
Entre ambos logramos ensanchar el orificio hasta que pueden pasar mis hombros por él. Mi hermana es la primera en saltar del camión en marcha. Oigo el golpe seco de su cuerpo contra la dureza de la tierra, y apenas un gritito de dolor. Tal vez mi hermana se ha desgonzado al saltar y ha muerto enseguida con el cuerpo roto por dentro y un dolor íntimo y brutal, pero al menos definitivo. Yo también salto en el vacío, apenas sin tiempo para oír la objeción de mi madre, eludiendo la sujeción de la mano de mi padre. Salto, con la certeza de hallarme en un sueño y ruedo por una ladera escarpada cuyas piedras me hieren por todas partes.
Casi enseguida después de haber saltado, reaparecen las luces del camión que marcha detrás del nuestro, bordeando la carretera con su repaso. Y la caravana se detiene dejando pequeños intervalos entre los camiones. Permanezco en el sitio adonde me ha precipitado la caída procurando no moverme por temor a dejar escapar un grito espantoso. Entonces los oigo

moverse arriba, con precipitación en medio de la oscuridad. Ruidos de botas militares, el chasquido de las armas, las puertas de los camiones al abrirse y al cerrarse, y recuerdo que han llegado de noche con sus camiones cerrados y sus motores silenciosos y nos han dicho que iríamos de operaciones.

Temo que tal vez se les ocurra usar este punto como blanco de sus prácticas. De algún modo rezo las oraciones que ya se me han olvidado y me dirijo a un Dios al que posiblemente le tome reconocerme el tiempo de que no dispongo:

—¿Damián? ¿Damián? ¿Qué Damián? ¿El hijo de Damiana Ortega? Hijito, ¿dónde has estado tanto tiempo? Y cuánto has crecido. Estás hecho todo un hombrecito. ¡Qué iba yo a reconocerte, si la última vez que te vi eras un cominito así, que no levantaba ni tres cuartas del suelo, como aquel que dice!

—Diosito... —estoy pidiéndole— ¡Qué no tiren, qué no tiren sobre mí! ¡Qué elijan otro blanco!

Me parece oírle decir a Dios con tono reposado, infundiéndome confianza:

—No hombre, si todavía eres casi un niño. Y además eres el hijo de Damiana Ortega. Una verdadera santa esa mujer.

Ahora yo veo la utilidad de todos esos años de ir a la iglesia mi madre, a pesar de las burlas malintencionadas de algunas de las vecinas y de la hostilidad de la presidenta del *Comité de Defensa* negándose a concedernos un poco de cemento para reparar los pisos o un poquito siquiera de chapapote para coger las goteras del techo de fibrocemento, que sus propios chiquillos azuzados por el odio que los padres nos tienen nos han roto a pedradas, y no me importa ya, que por eso a mi padre lo hayan echado de su puesto y le hayan negado la entrada al Partido, y que nos hayamos convertido en eso que llaman unos *tronados*, de ahí que todos se hayan ensañado con nosotros como lo han hecho. Dios desaparece entre el fragor que ha comenzado antes de que yo tenga tiempo de darle las gracias ni de decir siquiera amén. Sobre mi cabeza pasan de repente los obuses y estallan algo más allá, y como hay un ruido infernal no tengo miedo de que se me oiga. Un alud de cuerpos cae por la pendiente. Los están fusilando a todos a bazucazos. A veces se oyen también descargas de arma corta y una que otra ráfaga. Todo ocurre muy rápido. Los fuerzan a avanzar hacia el barranco y entonces los ultiman. Sobre mí ha caído un cuerpo. No es muy pesado, pero apesta a sangre y a chamusquina. No acierto a comprender cómo en un sueño se perciben los olores con tanta nitidez. Me palpo para comprobar si es verdad que aún estoy vivo, y siento una extraordinaria alegría de no ser uno de los muertos. Pugno por deshacerme del cuerpo que yace sobre mí y ya casi lo consigo cuando otros cuerpos ruedan cuesta abajo, algunos únicamente heridos o mal heridos, y se escuchan de repente órdenes incomprensibles que ninguno sigue o trozos de alguna frase, que quiere ayudar a comprender lo que ocurre de repente:

—¿Pero a que le tiran, coño? ¡Son aviones nuestros!

—El objetivo... ¡Han confundido el objetivo!

—Seguramente cumplen órdenes también.

—¿Qué órdenes?

—Se trata de un error.

—La guerra está llena de errores...

—¿Qué guerra?

—¡Y la paz de horrores!

—¿Alguien sabe lo que pasa?

En medio de la confusión que se suscita me

arrastro sin que se note, pero uno de los heridos comienza a pedirme ayuda.

—Compañero, estoy herido —dice—. ¡Malherido!

Sólo porque nos hallamos en un sueño no le digo como se merece *"ahora jódete"*, sino que trato de ayudarlo a salir de debajo de un montón de escombros humanos. Ahora estoy viendo claramente su rostro muy pálido iluminado por las llamas, y noto que ni siquiera tiene la apariencia inconfundible del oficial. Sólo cuando me ve solícito recupera un poco su aire de mando:

—¿Su arma?

Me dan ganas de decirle *"¿qué arma ni un carajo? ¿cuál arma?"*, pero tengo miedo de que vaya a ponerse a gritar y vengan otros o se pongan a disparar, así es que digo:

—¿Y la suya?

Él se desmaya, cuando tropiezo y rodamos por tierra (tal vez se haya muerto de una vez). El caso es que me alejo a rastras por la zanja, dejándolo desamparado, acaso muerto. Todavía nos ametrallan los aviones volando rasantes. El convoy ha sido incendiado por ellos y de vez en cuando se producen los estallidos de los depósitos de combustibles y las municiones. Cuando el ametrallamiento cesa, escalo el talud apoyándome a veces con los pies en el montón de cuerpos. Encuentro arriba nuestro camión envuelto en llamas, aún sin estallar. Lo primero que hallo es el cuerpo de mi madre herida en algún sitio, pero aún palpitante. Trato de rescatarlo antes de que todo acabe de estallar, cuando descubro a mi hermana acercándose. Entre los dos cargamos el cuerpo de nuestra madre lo más lejos posible y volvemos a buscar a nuestro padre entre el montón de muertos. Lo encontramos caído junto a las ruedas traseras con su linterna encendida en una de las manos y en una pose tal que parece como si se hubiera quedado dormido con la cabeza inclinada hacia delante. Papá está muerto de un disparo en la sien, y tiene el pecho agujereado de impactos, pero mi hermana insiste en que está vivo, y lo llevamos con nosotros hasta el sitio donde hemos dejado a nuestra madre. Mi hermana sugiere, en verdad, me ordena, colocar dentro de la cabina de uno de los camiones que milagrosamente no ha sido alcanzado por las llamas todavía, los cuerpos de nuestros padres y me indica —autoritaria— que ponga en marcha el motor y tomemos la carretera en dirección del hospital. Yo advierto que tal vez el incendio de los demás camiones se propague al nuestro antes de que tengamos tiempo de abandonar la caravana en la que estamos atrapados. Pero la decisión de mi hermana es inapelable, y yo estoy maniobrando para sacar el camión de este callejón de fuego. Pronto estamos en la carretera abierta por donde vinimos antes, donde ahora no nos encontramos con un solo auto. Únicamente los cráteres dejados por los obuses que trato de evitar mientras conduzco a toda velocidad. Mi hermana está atenta a las heridas de nuestros padres que sangran abundantemente cada vez que no puedo evitar del todo uno de estos baches, o maniobro para evitarlos. Cuando estamos llegando finalmente, mi hermana dice que nuestro padre debe haber muerto en el camino. Al oírlo, mi madre no ha hecho ningún aspaviento como acostumbra cuando uno de nosotros se da un arañazo, que si *"el tétano"*, que si *"la vida chiquita"*, que si *"aguarrás"*. Mirándola tengo la convicción de que se morirá también muy pronto, porque no dice *ni esta boca es mía*. Debe estar pensando en sí misma ahora, un poco antes de morirse, avisándole a Diosito Santo con tiempo para que le tenga preparado el Cielo. (Seguro que está pidiéndole una cama de matrimonio con los cabezales altos como la que tiene en su cuarto, que es herencia de

sus padres por ser la única hija). A lo mejor está pidiéndole a Dios también por nosotros.
—Por mis niños, Señor. Cuídamelos mucho. Al Damián ya lo has encontrado hecho un hombre, casi. Y a la niña, Señor, guárdamela especialmente, porque es mujer.

Digo que mamá no tuvo tiempo de hacer todos sus encargos porque dio de repente un suspirito y se quedó así muy quieta que daba susto verla. Pero seguro que tuvo tiempo de avisarle a Dios para que les tuviera dispuesta al llegar ellos una alcoba, por aquello de que *casamiento y mortaja . . .*' Me parecía oírla diciéndole a mi padre:
—Ahora sí que voy a dormir a pierna suelta lo menos una semana seguida. Al diablo con *los Comités* y todos sus chivatos.

Entre tanto hemos llegado por fin al hospital, con nuestro camión de muertos y heridos graves. Sólo ahora me percato de que mi hermana también tiene un corte profundo sobre la ceja izquierda. Lo advierto a uno de los médicos que nos hace esperar en el dispensario mientras los heridos graves, que están todos muertos, son atendidos con solicitud inigualable y vendados antes de ser colocados en sus camas, contemplados con curiosidad por los demás internos. Un oficial médico nos interroga a mi hermana y a mí mientras aplica varios puntos sobre su herida, tal vez seis o siete, y dice:
—Está muy hinchada para puntos.

Nos pregunta si conocemos a algunos de los heridos. Mi hermana contesta por ambos enseguida que no, que veníamos por la carretera en nuestro auto cuando de pronto en un cruce, este camión se nos interpuso.
—No tuvimos tiempo de evitarlo —se excusa—. El conductor estaba muerto y había muchos heridos. Los condujimos aquí. Se trata seguramente de un accidente

lamentable.
—La carretera había quedado como una coladera —digo yo.
—Sí, seguramente algún accidente —dice el improvisado cirujano—. ¿Algún testigo?
—Ninguno —responde por ambos mi hermana.
—Muy bien, entonces. Este accidente es estrictamente confidencial. ¿Entendido?
—Naturalmente —decimos a la vez.
—Luego serán condecorados —anuncia el oficial antes de marcharse.
Los tres entrechocamos los talones con toda marcialidad.
—Luego seremos condecorados —digo—. ¡Luego seremos condecorados!
Y le pido a mi hermana que me pellizque fuerte, para convencerme de que no estoy soñando. Yo digo que nada de esto es posible, que estas cosas sólo ocurren en los sueños.
—Claro que no estás soñando —dice ella, fingiendo que ordena mis cabellos con sus dedos largos para hacerme una caricia. Esta vez hay en sus ojos la expresión cómplice de las confidencias—: Lo que estás es muriéndote, hermanito.

Summoned

They arrived during the night with their covered trucks and silent engines while we slept, and told us we were going on military maneuvers. They made us rush to put on our uniforms, and then herded us into the rear part of one of the tarp-covered vehicles in the convoy. Once inside, the back flap was fastened again and we noticed that other people were there with us. (Probably, they were sleeping.) Some of them toss and turn and from time to time let out an exclamation of despair, like someone being executed in one's sleep. No one says a word, so from the very start, this silence imposed on us new arrivals is something I'm trying not to break, but still let my sister know that we're going to die unless we do something about it, like escaping from this dream, or at least trying to. Deep down, I think we all know where they are taking us, along this road without trees or houses, in the middle of the night, inside their silent, canvas-covered trucks.

I tried, unsuccessfully, to unhook the flap that imprisons us, but at least I managed to open a small hole through which I can watch the shadow-less night outside, that whizzes past us at the roadside, lit up by the headlights of the truck following us close behind. Along the route we pass other trucks like ours, as well as one or two automobiles, a military jeep, and a school bus full of children. I pass this information on to my sister who feels it corroborates her certainty that nothing is going to happen to us.

"They wouldn't kill children, would they?"

I point out that the children weren't making any noise, that they traveled immersed in a strange silence. And I venture to guess that perhaps they were not really school children. Then my sister asks me a very unsettling question.

"What time do you suppose it is?"

This is her way of trying to explain the inexplicable unease of seeing a bus full of children going somewhere in complete silence.

Probably —in the darkness I can't be sure— my sister is sleeping and wakes up each time I pass some new tidbit of information on to her, gently shaking one of her arms first, when I do this. Despite her reticence, I'm certain that we are the only two people who will be able to do anything if we manage to survive this.

The truck ride becomes very bumpy and some people must be waking up or starting to, from that dream of being killed because they do it with frightened "ayes" and moans. I try to get closer to my father, who, probably between dreams like the others, said something.

"What?" I ask him. "What did you say?"

But he doesn't answer me; instead he starts talking to my mother. Since the silence is so distracting, however, it's possible that everyone except me has been able to hear what it is about.

I go back to looking through my peephole at the night outside which is now brutally confused with the reality we find ourselves in. The other trucks of the convoy must have fallen behind because the beam of their headlights is now indistinct; there is just a disperse glow out there in the distance that I confuse with the lights of the city, but must be coming from the rest of the vehicles. Then I am seized by the frenetic desire to escape from this dream, and I determinedly set about trying to rip open the canvas tarp imprisoning us. Now I am thinking that if I can at least save myself, maybe all is not lost for the others.

Suddenly, like a scene in a murder-mystery, a beam of light illuminates the truck's interior, dispersing itself across the floor where we are sprawled. My father had the foresight to get hold of a flashlight before we left, in case it was needed, and he has managed to hide it all this time.

I hear my mother speak up in a loud whisper.

"Oh, my God!"

She is convinced that God must have heard her anyway, despite this silence. My father starts talking to her again, or perhaps to himself, because his voice has a different register.

"It's blood," he says. "They're all dead."

My sister has risen to her feet and snatches the flashlight from my father only to let it immediately drop to the floor.

"This is a nightmare," she says hysterically.

The flashlight has broken in the fall, but I can recognize her voice in the darkness. Only then do I know that we're finally in agreement on this. If we could only manage to save ourselves...

Between the two of us we are able to enlarge the hole in the tarp far enough for my shoulders to get through. My sister is the first to jump from the moving truck. I hear the thud of her body against the hard ground and a short cry of pain. Perhaps she has been shattered by the jump and died immediately, her body broken to pieces, feeling an intimate and brutal, but at least definitive pain. I, too, jump into the void, with barely enough time to hear my mother's objection and elude the restraining grasp of my father's hand. I jump off feeling certain this is all a dream, and roll down a steep embankment, whose prominent rocks bruise every inch of my body.

Almost immediately after the jump, I notice the lights of the truck behind ours reappear, lighting up the roadside like a searchlight. And all the trucks of the convoy come to a halt very close to each other. I stay put in the exact place my fall has left me, doing all I can to keep from moving for fear of crying out in pain. Then I hear people hurriedly moving about in the darkness above me; the sound of the steps of military boots, the clatter of rifles, the sound of truck doors opening and closing, and I remember that they arrived during the night with their covered trucks and silent engines and told us we were going on military maneuvers.

I fear they might get the idea to use the same place I'm in for target practice. Somehow, I attempt to say the prayers I had forgotten and direct them to a God who just might need more time to recognize me than I have available right now.

"Damian? Damian? Which Damian? Damiana Ortega's boy? My son, where have you been all this time? How you have grown, my boy! You've already turned into a young man. How was I going to recognize you if the last time I saw you, you weren't any higher off the ground than little Tom Thumb!"

"Please, dear God," I am asking him. "Don't let them shoot! Don't let them shoot in my direction. Make them use a different target."

I seem to hear God's peaceful voice answer, instilling me with confidence.

"No, young man, since you are practically still a boy... Besides, you are the son of Damiana Ortega. That woman is a true saint."

Now I see the benefit of my mother having attended church all those years, despite the insulting taunts of some of the neighbors and the hostility of the president of our CDR[13] when she refused to let us have any cement to patch our floors or even a little bit of tar to

---

[13] Committee for Defense of the Revolution, neighborhood organizations created by the government.

repair our asbestos roof of the leaks caused by the rocks that her own children, egged on by the hate the parents had for us, threw there. And it no longer matters to me that my father was fired from his job because of that and was not allowed to join the Party. Each one of us family members became a sort of untouchable, and since then everyone has harassed us so much.

God disappears at the sound of a loud confusion that begins before I have time to thank him or even say amen. Suddenly there are bullets flying and shells exploding over me, and since there's such an infernal racket, I'm not afraid of anyone hearing me when I cry out. An avalanche of bodies falls down the embankment. They are gunning people down with machine guns. Sometimes you can make out single shots amid the bursts of gunfire. Everything happens so quickly. The people are forced to the edge of the embankment, and then are finished off. A body has fallen on top of me. It's not very heavy, but it stinks of burned flesh and blood. I just can't understand how odors can be smelled so clearly in a dream. I touch myself to check if I am still alive, and experience an extraordinary glee at not being one of the dead. I struggle to undo myself from the body lying on top of me, and I almost manage to do this when other bodies roll down the embankment toward me, some still alive but injured or even gravely injured, and suddenly voices giving incomprehensible orders are heard that nobody obeys, mixed in with snatches of phrases that are meant to give some meaning to what has just happened.

"But what are they shooting at, damn it? Those are our airplanes…"

"They're firing at the wrong target!"

"They've got to be following somebody's orders."

"Whose orders?"

"There must be some mistake."
"War is full of errors..."
"What war?"
"And peace full of horrors!"
"Does anybody know what's wrong?"

In the middle of the confusion that follows I crawl away without being noticed, but one of the injured starts asking me for help.

"Compañero, I'm wounded," he pleads. "I'm really hurt bad."

Only because this is all happening in a dream, do I not say to him "screw you," like I should; instead I try to help him get out from under a mountain of human debris. Now I get a good look at his very pale face illuminated by the flames, and it's got none of that unmistakable officer's look, and only when he carefully sizes me up does he regain some of his air of authority.

"Where is your rifle?"

I have the urge to say to him, "what damn rifle are you talking about?" but I'm afraid he is going to start shouting and drawing attention to us or they might start shooting at us, so I just ask.

"And where is yours?"

He faints as I trip over something and we both tumble to the ground (maybe he's finally dead.) In any case I drag myself off toward the ditch, leaving him for dead, abandoning him. The airplanes flying above continue to strafe us. The truck convoy is on fire and every now and then there are explosions from fuel tanks and munitions. When the strafing ceases, I scale the embankment by supporting my feet at times on one of the many bodies. At the top, I see our truck enveloped by flames, about to explode. The first body I find is that of my mother; I know she's been injured but she is still alive. I am trying to rescue her before everything blows up when I see my sister approaching. The two of us lug the body of our mother as far away as possible, and we go back to look for our father amid the mountain of dead bodies. We find him lying next to the rear wheels of the truck in a position that makes him look like he has fallen asleep, with his head tilted slightly forward and the broken flashlight still in one of his hands. He is dead from a gunshot to his temple and his chest is speckled with bullet holes, but my sister insists he is still alive and we drag him to the spot where we left our mother.

My sister suggests, she orders me really, to place the bodies of our parents inside the cabin of one of the trucks that miraculously has not yet been touched by the flames, and instructs me, with authority, to start the motor and take the road in the direction of the hospital. I notice that the fire from the other trucks may spread to ours before we have time to flee from the caravan that entraps us. But my sister's decision is non negotiable and I am maneuvering the truck to escape this alley of fire. Soon we are on the same open highway we had come on before, but this time we don't encounter a single automobile, just scattered craters in the road left by the shelling, which I am trying to avoid while driving at full speed. My sister diligently attends to our parents wounds that bleed profusely each time I am unable to completely steer clear of one or swerve to miss another. When we are finally arriving, my sister says that our father must have died during the ride. On hearing this, our mother doesn't make her usual fuss when one of us would get a scratch, going on about how we might get tetanus, about life's fragility, and how we should use a strong disinfectant. Looking at her I am convinced that she will soon die also, because she does not say a single thing. She must be thinking about putting her own affairs in order right now, just before she dies, giving advance notice to her holy maker to have heaven ready for her. She must be asking him for a double bed with thick pillows like the one in her bedroom, which was handed down to her from her parents as the only girl in the family. She's probably asking God for something on our behalf also.

"Look after my children, Father. Take good care of them. You've already seen that Damián has made it into manhood, practically. And as for my daughter, Father, take special care in looking after her since she's only a woman."

Mother probably didn't have time to ask for all her blessings, because she suddenly gave out a quick sigh and became so very still that it was frightening to look at her. But she certainly had time to tell God to have a bedroom ready for her, convinced as she always had said of this: *'God will provide.'* I also thought I could hear her saying to my father.

"Now I'm surely going to sleep like a log for at least a week. To hell with the CDR's and all their stool pigeons."

Meanwhile, our truck full of dead and mortally wounded has finally reached the hospital. Only now am I aware that my sister, too, has a deep cut over her left eyebrow. I call it to the attention of one of the doctors who has us wait in the dispensary while the seriously injured, who are all dead by now, are attended to with unequaled promptness and bandaged up before being placed in beds, as the other interns look on with curiosity. An officer-doctor questions my sister and me as he places six or seven stitches to her wound.

"It's almost too swollen for stitches…"

He asks us if we know any of the injured. My sister answers for both of us by immediately saying no, that we were driving along the highway in our car when suddenly at one of the intersections, this truck is right in front of us.

"There wasn't time for us to avoid crashing right into it," she apologizes. "The driver died immediately and there were many others injured. We brought them all here. The whole thing was just one regrettable accident."

"The highway looked like a sewer full of blood," I say.

"Yes, an accident, certainly," says the extemporaneous surgeon. "Any witnesses?"

"None whatsoever," my sister answers for both of us.

"Then it's settled. News about this accident is strictly confidential, classified. Is that understood?"

"Of course," we both answer in unison.

"You will be given metals later," the officer announces before leaving.

The three of us click our heels in true military style.

"They're going to give us medals," I say. "They're actually going to give us a medal!"

I ask my sister to pinch me good and hard so that I can be sure I'm not dreaming. I say that none of this is possible, that these things only happen in dreams.

"But you're really not dreaming," she says, as she caresses me by pretending to straighten out my hair with her long fingers. This time there is a look of secret complicity in her eyes; "what is really happening is that you are dying, brother dear."

Concentración pública

CADA VEZ se oye más el zumbido. Sube hacia nosotros. Crece por segundos. Zumba cuando todavía no alcanza a verse la nube zumbosa en la distancia. Como no se le adivina puede tomársele por bombarderos del Norte, tal vez por un enjambre de hostigadas abejas o acaso se trate de una caravana de camiones cargados de gente para trabajar en los campos; tal vez de ómnibus escolares en sus salidas bimestrales hacia la ciudad más cercana. Y hasta es posible que a pesar de este zumbido se trate de presos. Es lo menos probable, pero incluso esto es posible. Cada vez se oye más claramente el zumbido.

Cuando aparezca por la curva del camino se podrá ir sabiendo que, decididamente, no se trata de aviones procedentes de ALLÁ, como llegó a temerse en un principio, ni de ninguna caravana, sino de un gentío que avanza por la carretera derramándose por las cunetas, entre farallones que apenas pueden contenerlo. Vienen a pie, y a caballo, con banderas y consignas. Varios jeeps custodiados a ambos lados y delante y detrás por la muchedumbre, parecen suspendidos. Los que vienen en jeep se apean a veces y se unen a los demás. Sonríen y hacen chistes. Cada vez que el zumbido baja un poco, los que viajan en los jeeps lo avivan dando voces que contagian a la multitud circundante y se extiende como una onda. Los de a caballo suelen marchar en los flancos y pasan la voz, a veces sin comprender bien la consigna, pero sin inmutarse. Después de habérsela oído a la gente varias veces comienzan a aprenderla cuando una nueva consigna reemplaza a aquella. Por eso no se inmutan. Todo lo que hay que hacer es poner la voz muy pequeñita de modo que se confunda en un todo con el zumbido, y atacar las palabras especialmente en *los chías*, agitando de modo ostensible las banderas.

YA ESTAN AQUÍ, rodeándonos. Nos arrastran por la carretera entre paredones. Los de los *jeeps* nos dan la bienvenida con apretones de manos y abrazos y cuando se percatan de nuestro pasmo nos animan a gritar, con el puño en alto sobre sus cabezas, llamándonos persistentemente *compañeros*.

AQUÍ ESTAMOS, preguntando a todo el mundo qué gentío es éste y adónde se dirige. Nuevas gentes que andan en todas direcciones son incorporadas en esta marcha de miles. Hay también periodistas que han venido a cubrir el evento con sus cámaras; turistas con sus bolsos y su piel recién bronceada, (algunos recelosos por recelar tan sólo), también AQUÍ, emboscados o falsamente emboscados; turistas estudiosos de la fauna y la flora; admiradores del Havana Club y de la arquitectura del Hotel Nacional con vistas a la Bahía; hermanos separados, por supuesto CRÍTICOS, pero ADMIRADORES rendidos, y hermanos por separar, pero sin saberlo aún, todos confundidos en este río humano que ha alcanzado finalmente la ciudad, sin dar tiempo a ninguno de cerrar las puertas de sus casas o alcanzar precipitadamente las azoteas o los pisos altos, arrastrándoles también con los demás.

DESEMBOCAMOS súbitamente en esta expansión sin asideros. Parece que de pronto nos perdiéramos e instintivamente buscamos el límite exacto donde cabemos con nuestros cuerpos maltrechos, fatigados de tan larga marcha sin objeto. Pero algunos se han lanzado fuera de sí escalando tapias, alcanzando puertas. Son unos pocos entre los cientos de miles que somos, pero hay una colisión y un espumoso remolino contra el que vamos siendo precipitados todos, y CADA VEZ son más los que se precipitan como lanzados hacia arriba, salpicados hacia las puertas que parecen colgar desde aquí abajo donde hemos caído.

LOS DE LOS *JEEPS* han visto zozobrar sus andas y ya sin sonreír y sin hacer chistes maniobran para sostenerlas a flote o luchan denodadamente contra la corriente que quiere arrastrarlos mientras los más afortunados de sus compañeros los han desamparado.

LAS BANDERAS SE HAN PERDIDO y ahora el clamor que sube no es el mismo:

¡A LA EMBAJADA! ¡A LA EMBAJADA!

Cada vez se oye más el zumbido. Crece. Sigue creciendo hasta volverse ensordecedor. Y aún sigue subiendo..., subiendo... Hasta que suenan las primeras ráfagas.

Public Rally

The noise grows louder and louder. It is coming our way. Getting louder each second. You can hear it even before the cloud of its tumult comes into view from off in the distance. Since it is impossible to be sure, you could take it for the sound of bombers from the North, or perhaps a swarm of angry bees, or maybe the sound of a caravan of trucks loaded with farm workers headed for the fields, or buses full of schoolchildren on their biweekly outing to the nearest city. And it could even be a boisterous transport of prisoners. Not very likely, but even this is possible. The noise becomes clearer and clearer.

When it's source appears around the bend in the road, one immediately sees that the sound has nothing to do with planes flying from THERE, as was feared at first, or with any caravan of trucks, but is coming from a mob of people advancing along the road; a crowd so large that it spills onto the roadsides like a flood that can barely be contained. Some people are on foot, others on horseback carrying flags and signs. Several jeeps, protected on all four sides by the crowd, seem suspended within it. Those riding in the jeeps get out now and then to join the others. They smile and crack jokes. Each time the roar of the crowd subsides a bit, those in the jeeps stir it up again by starting chants that are picked up by those nearby and spread like a wave to the others. Those on horseback usually march on the edge of the crowd, but still pick up the chant even if they cannot quite make it out, without missing a beat. After having heard the others say it several times they are able to understand it when a new chant comes their way. That is how they do not miss a beat. All they have to do is lower the voice so that they blend in with the roar and add special emphasis to "rahs," while ostensibly waving their flags.

THEY ARE HERE ALREADY, surrounding us. They drag us along through the streets bordered by walls. Those in jeeps greet us with handshakes and embraces, and when they notice our astonishment, coax us to shout, raising their fists in the air and repeatedly calling us *compañeros*.

HERE WE ALL ARE, wondering what are all these people doing and where are they going? New people who had been headed for quite different destinations are redirected and incorporated into this march of thousands. There are also reporters with cameras who have come to cover the event; tourists with their shopping bags and recently tanned skin (genuinely inquisitive, but within certain limits,) also HERE , camouflaged or falsely camouflaged, studious tourist investigators of Cuba's fauna and flora, aficionados of Havana Club[14] and the National Hotel's architecture with its views over the Malecón[15] and harbor, also brothers in the revolution from abroad, CRITICAL of course, but ADMIRERS non-the-less, and reluctant brothers in the revolution looking to jump ship; all mixed together in this human river that has finally reached the big city without giving city dwellers time enough to slam shut the doors of their homes or make a dash for the roof-tops or the upper floors; they too are dragged along with the rest.

WE FLOW OUT suddenly, into an expanse with nothing to hold onto. It seems like we will soon become lost and instinctively search for someplace off to the side to moor our battered bodies, exhausted after such a long, aimless

---

[14] Brand of Cuban rum still manufactured on the island.

[15] Promenade along Havana's oceanfront.

march. But some have leaped over others and are climbing up walls or clinging to doorways. They are only a few among the hundreds of thousands of us, but there is a collision and a foamy whirl against the force that has been dragging all of us along, and EACH TIME there are more and more people who throw themselves, as if hurled upward, splattered against the seemingly dangling doors as viewed from here, below, where we have fallen.

THOSE IN THE JEEPS see their life rafts founder and no longer smiling or making jokes, maneuver to keep them afloat and boldly battle the current that wants to drag them down, while the more fortunate of their comrades have already deserted them.

THE FLAGS HAVE BEEN ABANDONED and now the clamor that arises is not the same:

TO THE EMBASSY! THE EMBASSY!

The noise builds louder and louder. It grows. It keeps growing to the point of becoming deafening. And grows even louder... louder... Until the first gunshots ring out.

Número Ocho

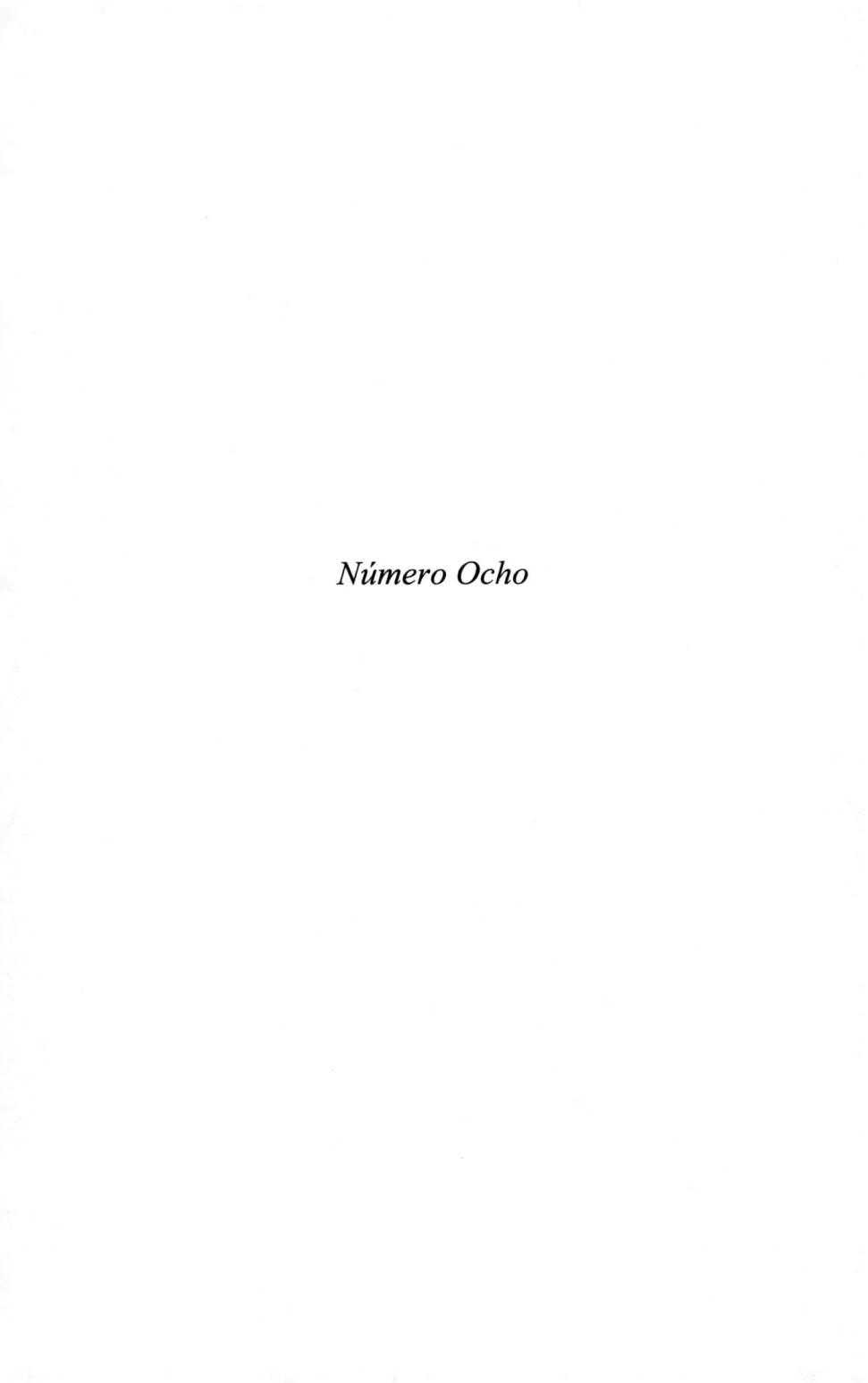

Cauteloso —como si estrenara pies de plomo— se detuvo una vez más frente a la pregunta, vaciló un instante todavía; retrocedió como si necesitara un impulso adicional para saltarla, pero al hallarse nuevamente ante ella se dio cuenta de que aquel valladar había sido colocado premeditadamente en su carrera, para detenerlo. Pero ¿por qué? ¿por qué? ¿por qué? —se dijo repetidas veces con un angustiado plañir, más propio de un funcionario que pretende auto-engañarse que de un atleta como él era—. ¿Es que, sin saberlo, se hallaba compitiendo fuera de su especialidad? Miró a su alrededor buscando con la mirada la presencia de su entrenador Mijail Lermontov, pero estaba solo. Solo. Es decir, solo no. Rodeado por una soledad ominosa. (En todo caso su entrenador era el único que no parecía hallarse en el estadio). Solo no, abandonado. A su destino, a su desgracia, a su desconcierto; bajo las miradas inapelables, fiscales, desentendidas o cómplices, (de una complicidad que no lo contemplaba para nada, desde luego) de quienes lo rodeaban. Una lluvia impertinente de preguntas seguía cayendo sobre la pista, hundiendo sus largas varillas entre los ojos de los espectadores que se cubrían con precarias viseras sobre la frente; las demás varillas se retorcían al tocar la superficie, y dejaban la pista como una trocha de obstáculos; meticulosos corchetes incuestionablemente cerrados, cepos amenazantes que auguraban *bocabajos* dolorosos y humillantes.

Los números naturales, sacados por las circunstancias de su natural, se mostraban fehacientemente innaturales. Se les hallaba desparramados por todo el estadio, unas veces a la grupa de los atletas, como monitos colgados en racimos de sus camisetas; recostados otras contra la pizarra de las anotaciones, con evidentes muestras de desinterés, o síntomas de embriaguez colectiva; otras, sentados entre la gente de las graderías, silbando (como ellos), vociferando, aplaudiendo; metamorfoseándose en ellos, a los ojos de la gente misma que también podía metamorfosearse en un número con la mayor facilidad.

Por eso mismo —se dijo—, es que podíamos ser los campeones absolutos, indiscutibles. Ahora todo estaba claro para él, mirando por un instante la pista circular llena de números UNO que se transformaban, alternativa y camaleónicamente, en personas y viceversa.

Consultó nerviosamente su cronómetro una vez más y comprobó que los numeritos en la esfera reproducían en miniatura la ansiedad y la disposición de los corredores entre los que se encontraba, y como ellos, se habían lanzado a correr enzarzándose con los obstáculos a la menor señal, que acabaría por resultar una falsa alarma. A diferencia de los corredores, sin embargo, los numeritos siguieron su loca carrera en redondo sin reparar siquiera en la señal de retroceder. Pero girando, girando, los números daban la impresión cinemática de girar en sentido opuesto al de las manecillas del reloj, como empecinándose en borrar el tiempo mismo, no menos empecinado que ellos.

De sus reflexiones vinieron a sacarlo al cabo, dos individuos completamente desconocidos que se iban acercando, y en quienes él podía reconocer el número DÍEZ

Cuando finalmente estos hubieron alcanzado una forma más humana, él reconoció de inmediato a su entrenador, en el hombre alto y delgado que ahora le sonreía, y en el hombre gordo que marchaba a su lado, aunque rezagándose un poco, al *Comisionado de deportes*. Este parecía complacerse en marcar a la vez que caminaba, un paso de carnaval fácilmente reconocible que era el de: *Uno-dos y tres que paso más chévere que paso más chévere el de mi conga es*, lo que parecía irritar al entrenador, de paso elástico, que a veces se volvía a él para aguardarlo con evidente disgusto ante la falta de deportividad del gordo *Comisionado*. Después de reunirse nuevamente, ambos se dirigieron a él que sentía las delgadas varillas clavársele en la espalda desnuda como en la grupa de un toro de lidia destinado al sacrificio.

Lermontov y el comisionado venían a hablarle, precisamente, de sacrificios, persuadiéndolo, sin embargo, de que el suyo sería un sacrificio diferente, y la plaza el premio más alto. Tenía que convencerse —decíanle, que hallarse en la Plaza más tarde, constituiría el más alto premio a su sacrificio. A este sacrifico personal. Todos debíamos sacrificar algo alguna vez en la vida. (La Plaza también se metamorfoseaba en el más alto símbolo) Símbolo de símbolos. (El ruso dijo *címbalo*, y el gordo lo repitió sin percatarse de su error. La mano del gordo se apretó contra su nuca antes de lanzarle la última pregunta:

—¿Serás digno depositario de nuestra confianza?

Sólo una palabra quedó martillando: depositario, depositario, depositario... (Ad infinitum)

Él no podía volver el cuello para mirarlo a la cara mientras estaba obligado a responder sí, sí, sí, mirando el suelo de la pista.

El entrenador sustituyó al *Comisionado* en la tenaza que aplicaba sobre su cuello e insistió en la pregunta:

—¿Te harás merecedor de su aprecio y de su confianza?

El gordo se expresaba mediante elipsis fácilmente comprensibles o familiares solemnizadas por su voz.

—¡Di...! ¿Eh?... ¿Unnhh?... ¿Síí...?

Esta vez no esperaron por su respuesta. Se oyó el

silbato de arrancada. Y casi al mismo tiempo todos los corredores se dispararon hacia adelante llenando las carrileras de círculos concéntricos y dantescos. Todos, excepto él, que al intentarlo cayó de bruces, atrapado, o más bien sujeto, (fijado) a su línea por una pesada bola de hierro que imperceptiblemente habían adosado a su pierna izquierda.
—Pero ¿cómo?, ¿quién?, ¿quién? ¿Quién?
Cualquier salida hubiera sido impracticable en aquellos momentos, (incluso literalmente, impracticable), así es que, permaneció en su sitio, imperturbable, resignado, hasta que llegaron a él —esta vez pudo reconocerlos inmediatamente, a pesar del diez fingido en que se habían convertido, su entrenador Mijail Lermontov, y el gordo *Comisionado* de deportes, hechos unas pestes. El gordo intentó en vano sacar la pierna aherrojada del aro de hierro que la aprisionaba, tirando de éste con todas sus fuerzas, pero como se había colocado a la izquierda del entrenador ruso, se había convertido en lo que se dice un cero a la izquierda; luego, fingiéndose desesperado se llevó las manos a la cabeza, y aplicándose alrededor del cuello una llave de *yudo* con los pies, se metamorfoseó en un número ocho, mientras el entrenador, lo miraba hacer indiferente. Ahora el gordo convertido en número ocho comenzaba a regañarlo a él, evocando los sacrificios, los muchos, los muchísimos sacrificios de otros años, sus mejores años, para que ahora /ahora/ precisamente ahora, viniera a hacerle esto, sin consulta, sin decirle... Y así diciendo iba cerrando en torno a su cuello el círculo inferior que formaba el ocho de sus piernas, haciéndole recordar con ello una rima infantil que casi había olvidado del todo:
Dos-y-dos-son-cuatro-cuatro-y-dos-son-seis-seis-y-dos-son-ocho Y-ocho-dieciséis
Se sintió sacudido por un estremecimiento eléctrico

cuando el dolor comenzó a darle varillazos repetidos en los terminales nerviosos, pero en lugar del gordo *Comisionado* de deportes, vio la cara del cirujano ya sin su escalpelo. Éste, o aquél, comenzaba a hacerle preguntas. Todo tipo de preguntas, que él más bien debía de estar respondiendo —se dijo—. Pero el hombre vestido de blanco inmaculado le inspiraba confianza. Sí. Sí. Confianza. He ahí la palabra. La habitación también era blanca, y blancos eran el color de las sábanas, el botiquín, (seguramente vacío) y los gabinetes con puertas de cristales, en los que había libros y otros objetos. Preguntó al médico cuánto tiempo hacía que estaba allí. El cirujano respondió oblicuamente señalando con su dedo una fecha circulada en rojo, en el calendario de hojas blancas que había a uno de los lados de la cama. El calculó por la fecha que también le señaló el cirujano un promedio de ocho días. No hizo más preguntas y se quedó dormido, pensando vagamente en una mala jugada, en algo vago, vago, atenazándole la garganta.

Set Up

Cautiously —as if walking on his first thin ice— he paused once more in front of the question, hesitated an instant; moved backward as if needing more space to bound over it, but upon finding himself in front of it again noticed that the obstacle had been purposefully placed there in his path, to detain him. But, why? why? why? —He asked himself repeatedly with the anguished lament more becoming a functionary attempting self-deception than an athlete like himself.— Could it be that without realizing it, he found himself competing outside his specialty? He scanned the surroundings, his gaze searching for the presence of his trainer Mihail Lermontov, but he was alone. Alone. Rather, not alone. Surrounded by an ominous solitude. (In any case his trainer was the only one not in the stadium.) Alone, no, abandoned. To his destiny, to his disgrace, to his dis… quiet; beneath the unappealing, accusing, disingenuous or complicit stares (of a complicity that absolutely excluded him) of those around him. An impertinent shower of questions kept falling over the track, sinking their long, metallic slivers into the eyes of the spectators who cover themselves with precarious visors to protect their foreheads; the rest of the slivers of metal contort upon hitting the surface, and left the track a hurdler's course, meticulous brackets unquestionably closed, menacing irons that portent painful and humiliating experiences flat on one's face.

The whole numbers, taken by circumstances out of their wholesomeness, proved themselves to be authentically unwholesome. They could be found scattered all over the stadium, sometimes hanging from the athletes' bared backs, like bunches of monkeys clinging to their jerseys; at other times reclining against the scoreboard, with obvious signs of disinterest, or symptoms of collective inebriation; and sometimes seated with the people in the bleachers, whistling (like them), shouting, applauding; metamorphosing into them, in the eyes of the very same people who could likewise metamorphose into a number with the greatest ease.

"That is why we can be absolute, undisputable champions," he told himself. Now looking for a moment at the circular track filled with numbers ONE that transform themselves, back and forth, chameleon-like, into persons and vice versa, everything was clear to him.

He nervously checked his stopwatch again and verified that the numbers on its face reproduced in miniature the anxiety and mood of the runners who were lined up, and like them, took off running only to get tangled up in the hurdles after jumping the gun in what turned out to be a false start. Unlike the runners, however, the numbers continued their crazy, circular race, without heeding the signal to return. By thus spinning around in circles, the numbers gave the stroboscopic impression of moving in the opposite direction of the hands of a clock as if obstinately trying to erase time, a thing no less obstinate than they.

His musing was interrupted by two completely unknown individuals who were approaching and in whom he was able to make out the number TEN

When these two finally reached a more human form, he immediately recognized his trainer, in the tall, thin man who smiled at him now, and in the other man, the heavy-set Athletics Commissioner who was walking next to him, and kept falling behind a bit. The latter seemed to be amusing himself by tapping out, as he walked, an easily recognizable carnival rhythm that went: *One-two and three, what a fine rhythm, such a fine rhythm, my conga beat is*, which seemed to irritate the trainer, who, very light on his feet, sometimes had to turn around to wait for the other man to catch up, and showed evident disgust for the lack of athleticism in the heavy-set Commissioner. When the two men were side-by-side again, they turned to him. He felt the thin metallic slivers lodge more firmly into his bared back, as if penetrating the haunches of a bull in the ring, destined to the sacrifice.

Lermontov and the Commissioner were coming to speak with him about exactly that, sacrifices, persuading him, however, that his would be one of a different type, and the arena the highest prize. He had to convince himself, they said, that finding oneself in the ring later on would constitute the highest reward of one's sacrifice. Of this personal sacrifice. We should all sacrifice something, sometime in life. (The arena was also metamorphosing into the highest symbol) Symbol of symbols. (The Russian said "tin ball" for "symbol" and the fat Commissioner repeated it without noticing his error.) The hand of the Commissioner squeezed the back of his neck before the obese man fired the last question to him:

"Will you be a worthy recipient of our trust?"

Just a single word hammered on: recipient, recipient, recipient... (Ad infinitum) He was unable to turn his head to look the obese man square in the face while being made to answer, "yes, yes, yes," as he was forced to stare down at the gravel track.

The trainer took the Commissioner's place in applying the pinching grip to his neck and persisted with the question:

"Will you be worthy of His respect and trust?"

The obese man expressed himself through familiar, easily understood ellipses, to which he added gravity with his tone of voice.

"Say it! Eh? Huh? Yes!"

255

This time they did not wait for his answer. The starting gun went off. And at practically the same instant all the runners shot forward, filling the lanes of the concentric, Dantesque circles. That is, everyone except him, who upon attempting to run, fell flat on his face, trapped, or more precisely, held, (stuck) in his lane by a heavy iron ball that had been imperceptibly attached to his left leg.

But how? who? who? Who?

Any kind of escape would have been impossible in those moments, (even literally, impossible), so he stayed in place, impassive, resigned, until they made their way to him —this time he was able to recognize them immediately, despite the simulated ten into which they had changed— his trainer, Mihail Lermontov, and the obese Athletics Commissioner, both fuming with rage. The fat one tried in vain to free his shackled leg of the iron, ankle brace that imprisoned it, pulling with all his might, but having positioned himself to the left of the Russian trainer, had turned into what is termed *'a zero in the one's column';* later, pretending to be desperate, he held his head between his own hands, while applying a judo leg hold around his own neck, metamorphosed into the number eight[16], while the trainer looked on,

---

[16] The title in Spanish of this story is 'Número Ocho,' or 'Number Eight,' in English. In the Cuban tradition the number 8 can mean a calculated trick or trap set by others in such a way that the victim has no way to avoid falling into it; the perfect "dirty trick," in both its maliciousness and execution. What we commonly call in English, being "set up." Also, in the Cuban-Chinese number system "la Charada," number eight corresponds to death. The closest English equivalent would be the number 86, whose use began in the restaurant industry to mean the kitchen is out of an item, "we're 86 on crab cakes," or that something should be gotten rid of, "eighty six the rice pudding,

pretending not to notice. Now the fat-one-turned-number-eight started scolding him, invoking the sacrifices, the many, innumerable sacrifices over the years, his best years, so that now/ at this moment/ precisely at this moment, he would come to do this to him, without asking, without telling him... And as he spoke these words he placed the bottom circle of the eight of his legs around the athletes neck, and with this made him remember the children's verse that he had almost completely forgotten: *Two-and-two-are-four Four-and-four-are-eight Eight-and-eight-are-sixteen...*

He felt himself overcome by an electric shiver when the pain started sending repeated shocks to his nerve endings, but instead of the heavyset Athletics Commissioner, he saw the face of the surgeon who had already put down his scalpel. The former, or the latter, started asking him questions. All sorts of questions that evidently he was supposed to be answering, he thought. But the man dressed in an immaculate white gave him confidence. Yes. That's it. Confidence. That's the word. The room was also white and the sheets were white as well, as were the medicine cabinet, (surely empty) and the cabinets with glass doors where books and other things were kept. He asked the doctor how long he had been there. The surgeon answered indirectly by pointing to a date circled in red on a calendar with white pages by the side of the bed. Using that day's date he calculated that it had been about eight days. He did not ask any more questions and fell asleep thinking

---

its two days old." Writer David B. Feinberg used this meaning in the title of his first novel, "Eighty-Sixed," a heavily autobiographical work that humorously and poignantly deals with gay men's lives at the time of the onset of the AIDS crisis and with the illness and death of one of the narrator's friends.

vaguely about a dirty trick, in something indistinct, indistinctly, pinching off his throat.

La respuesta

Esa mañana, mientras agrupaba por pelotones la correspondencia acumulada de sus hombres, volvió a acordarse de la carta de su hermana. Allí estaba, sobre la mesita improvisada por él al lado de la cama. Ahí mismo la había dejado una noche, seis semanas atrás, después de una rápida lectura entre pestañazos, y allí estaba ahora, cubierta por una espesa capa de polvo y de olvido. Después de terminar, se dijo que aún dispondría de algún tiempo para responderla antes de que vinieran por él Pupo y los otros. Pero de todas sus muchas obligaciones, —se dijo— ninguna era más pesada que la de escribir cartas, especialmente a su hermana, que siempre le hacía aquellas cartas tan bonitas. Pensó que las mujeres eran más aptas para decir bien las cosas cuando escribían por ser más reservadas y sentimentales, en general. Los hombres, por su parte iban más derecho al grano —se dijo—. Por eso a él, que tan difícil se le hacía escribir cartas, las palabras le venían a la boca con facilidad cuando se trataba de hablar; ésta era una de las cualidades que más habían apreciado en él sus compañeros, primero al proponerlo como Responsable y, sin lugar a dudas una de las características que más lo señalaban ahora como dirigente. Una gran facilidad de palabras era esencial para ser un buen dirigente —se dijo.

Ya la idea de contestar la carta de su hermana lo había abandonado cuando llegaron Pupo y los demás muchachos de la brigada con el camión. Le avisaban de la proximidad del camión, el laterío que golpeaban los macheteros y las voces de éstos, y salía a esperarlos en la acera antes de que llegaran frente a la barraca. De este modo no se perdía ni un minuto para llegar al campo y comenzar el corte a la hora establecida —pensaba—.

Como todos los días, Pupo hizo sonar innecesariamente la bocina del camión para resarcirse de este modo de la contrariedad de hallarlo siempre a la espera. No se trataba de que Pupo fuera un mal compañero, nada de eso —reflexionó— sino de que los hombres siempre esperaban alguna flaqueza de su parte. Aquella expectativa formaba parte de la naturaleza misma del individuo, que sólo un alto grado de conciencia revolucionaria —el más alto grado para ser precisos— podía remediar. Por eso mismo en las circunstancias del corte, en que no era posible otra disciplina que la más estricta ni otro ejemplo que el de la emulación de los jefes, él no tenía más alternativa que la de ser el mejor.

—Usted siempre listo, compañero teniente —dijo Pupo—. Él naturalmente tuvo este saludo por un reconocimiento a sus cualidades, pero no consideró oportuno concederle mucha importancia. Después de intercambiar estrechones de manos y ocasionales buenos días con los hombres que viajaban en la parte trasera del camión, y que a su modo también daban muestras de admirarlo, se acomodó en la cabina, al lado de Pupo y del sargento Medina, cuya conversación lo fue haciendo olvidarse de la carta; y no volvió a acordarse de ella hasta que al final del día sus hombres fueron reunidos por él para entregarles finalmente la correspondencia atrasada.

De regreso en su cuarto, tarde en la noche, buscó con la mirada el sobre cubierto de polvo, al lado del despertador. Éste también se hallaba cubierto de polvo, pero como otras veces bastó con soplar fuertemente sobre él para que la delgada capa desapareciera del todo. En cualquier caso, las manos completaron distraídamente, la operación de limpieza. Con el despertador entre sus manos dudó —apenas una fracción de segundo— entre levantarse a las cinco como todo el campamento, o a las cuatro como solía. Esta pequeña vacilación lo absorbió totalmente al punto de olvidarse de la carta de su hermana hasta el momento mismo en que el despertador volvió a hallarse sobre la mesita junto al sobre. Tomándolo en sus manos lo alzó hasta los labios para soplarle el polvo y se hizo entonces formalmente la promesa de escribirle una cartita a su hermana al levantarse, no aquélla que él hubiera querido escribirle precisamente, pero al menos...

La bujía del farol Coleman se consumió hasta quedar reducida a un montoncito de cenizas inmaculadamente blancas dentro del tubo de cristal. La noche antes se había dormido sin apagar el farol y éste era el resultado, pero lo que resultaba imperdonable —se dijo— era que el despertador no hubiese sonado, o aún peor, que él no lo escuchase. Fue necesario que uno de sus subordinados viniera a golpear a la puerta, mientras Pupo, al hacer sonar la bocina del camión esa mañana, no ocultaba su regocijo, y los demás golpeaban sus latas con estridencia de fanfarrias.

Se dijo que tampoco había escuchado la diana del campamento que a partir de las cinco repicaba como un campanario en las manos de un loco.

Esa mañana —se decía ya en el corte— era fácil percibir la soma disimulada en la voz de Pupo al saludarlo con su habitual *buenos días*. Y esta debilidad que no debió nunca permitirse venía a ocurrirle precisamente, se decía, un día antes de la fecha en que el corte debía interrumpirse para permitir a los hombres de la brigada un descanso después del cual rendirían más. En principio, él mismo se había opuesto a aquel descanso. Si lo aceptaba era únicamente en obediencia a las órdenes que había recibido.

A causa de todas estas cosas que pasaban por su mente no había vuelto a acordarse de la carta en todo el día. En vano, intentó confundir un prolongado y absorbente mal humor, que se cuidaba muy bien de no exteriorizar, poniéndose a machetear las cañas sin descanso ni treguas. Esa noche, de regreso en su cuarto, mientras colocaba una bujía nueva en el farol y se prometía solemnemente por su honor de dirigente revolucionario que lo ocurrido no volvería a sucederle, se acordó también de la promesa incumplida de la noche anterior. Sin más trámite comenzó entonces por escribir la fecha en el margen derecho de la hoja de papel para darse cuenta de que la fecha se le escapaba. Hurgando en su memoria en busca de algún acontecimiento o efemérides cercano, se percató de que ninguno de los aniversarios o fechas nacionales, actos políticos, movilizaciones agrícolas, etcétera, registraba en estos momentos una fecha determinada en su memoria. Sobreponiéndose a su desconcierto, se dijo entonces que el hecho no debía preocuparlo demasiado. Se trataba de un lapsus. Nada más. Para animarse, pensaba que en el estado de extrema fatiga en que —a su pesar— admitía encontrarse, (luego de otro día agotador como eran todos), era sólo natural que aquellas cosas pasaran. Pensando en el cansancio que sentía se dijo con satisfacción *estar reventado*, porque aquella misma convicción lo henchía de satisfacción recordando de qué manera había echado mano de ella para recobrarse moralmente en el corte, delante de sus hombres. La fatiga era capaz de jugarle a cualquiera una mala pasada, con tal de que no se impusiera a la voluntad del hombre, porque entonces sí que uno estaba liquidado. Un hombre sin voluntad no merecía llamarse hombre. Y serlo de verdad era todo lo que contaba. Sin ser la única clase de hombre que se podía ser ¿cómo podría nadie llamarse revolucionario? *¡El escalón más alto de la especie humana!* —se dijo recordando la valla que dominaba la entrada al campamento. Esas mismas palabras se las había dirigido a sus hombres reunidos en la explanada del campamento antes del toque de silencio, inspirándose en otra de las vallas que se hallaban a los lados del camino: *Frente a las dificultades ni quejas, ni lamentaciones: ¡Trabajo!* Eso más o menos había comenzado a escribirle a su hermana después de intentar un atajo, diciéndose que después de todo la fecha era lo menos importante, y encabezando la carta: Central Najasa, 1979, "Año Veinte de la Victoria". Mientras escribía, se dijo que una vez comenzada la carta... —cabeceó pescando un sueño gordísimo— le sería muy fácil terminarla. Dio un gran bostezo y se aseguró a sí mismo que nada sería más fácil.

A la mañana siguiente, según se lo había propuesto, no volvió a quedarse dormido. Conforme a su costumbre se levantó a las cuatro, antes de que en la cocina del campamento se encendieran los enormes fogones para preparar el magro desayuno de esa mañana. Mientras acomodaba sus pocas pertenencias en el interior de una maleta de madera, después de asearse de prisa, encontró una vez más la hoja de papel amarillento cubierta por una delgada capa de polvo caída sobre todos los objetos la noche última. Los hombres habían comenzado a celebrar por anticipado el Año Nuevo en los albergues, haciendo sonar el laterío después que se anunciara oficialmente que se autorizaba la salida por cinco días para celebrar con sus familiares un nuevo aniversario del *triunfo revolucionario*, con todas las metas cumplidas. Golpeándose la frente con la palma de su mano derecha, se dio cuenta de repente de la fecha que tan obstinadamente lo había evadido la noche antes, pero no le concedió a su constatación la menor importancia.

Esa mañana había renunciado incluso a la idea de desayunar con sus hombres, a fin de dejar su cuarto y todos sus asuntos en la comandancia en perfecto orden.

Luego de hacerlo, colocó apresuradamente la hoja de papel sobre un montón cualquiera de papeles recién desempolvados que depositó en el fondo oscuro de su maleta. Fugaz, le pasó por la cabeza la idea de que a lo mejor tendría tiempo de visitar a su hermana en el camino de su casa. Entonces —tuvo que admitir— haber intentado escribirle aquella carta no había tenido sentido alguno.

No tuvo tiempo de hacerse esta recriminación largo tiempo, acuciado por la urgencia de los brigadistas de pase, a quienes Pupo espoleaba haciendo sonar la bocina del camión frente a la puerta de su barraca. No pudo dar crédito a sus oídos pues no acertaba a comprender cómo había sido posible que una vez más se rezagara a pesar de la solemne resolución de la noche anterior. Esta vez no intentó siquiera hallar una explicación razonable: la posibilidad de que sus hombres también hubiesen decidido saltarse el desayuno, o de que —robando tiempo al sueño— se hubiesen levantado más temprano para dejar la barraca recogida. Allí estaba el sargento Medina encabezando a sus hombres, y seguramente que éste no había dejado pasar por alto sus órdenes en aquel sentido. Poseído cada vez más por una claridad súbita y avasalladora a la que quería negarse, se dijo que allí terminaba de una vez su bien cuidado prestigio de revolucionario. Apenas si lo pensó dos veces en el transcurso de unos segundos. La idea fija se le clavó entre los ojos como una punta aguda y penetrante que lo atormentaba. Acercó a la boca el cañón del arma como si fuera a soplarle el polvo, pero la pistola había estado resguardada del polvo entre gasas, que le daban la apariencia de un miembro lastimado por anticipado.

El disparo se oyó apagado, como una detonación de fulminante en la distancia, a causa del insistente sonar de las latas y de la bocina del camión. El cuerpo se contorsionó unos instantes sobre el bastidor de la cama con un involuntario escalofrío. La cabeza descolgada hacia atrás tenía los ojos muy abiertos y fijos en la improvisada mesita, encima de la cual el muerto había olvidado el despertador.

In Response

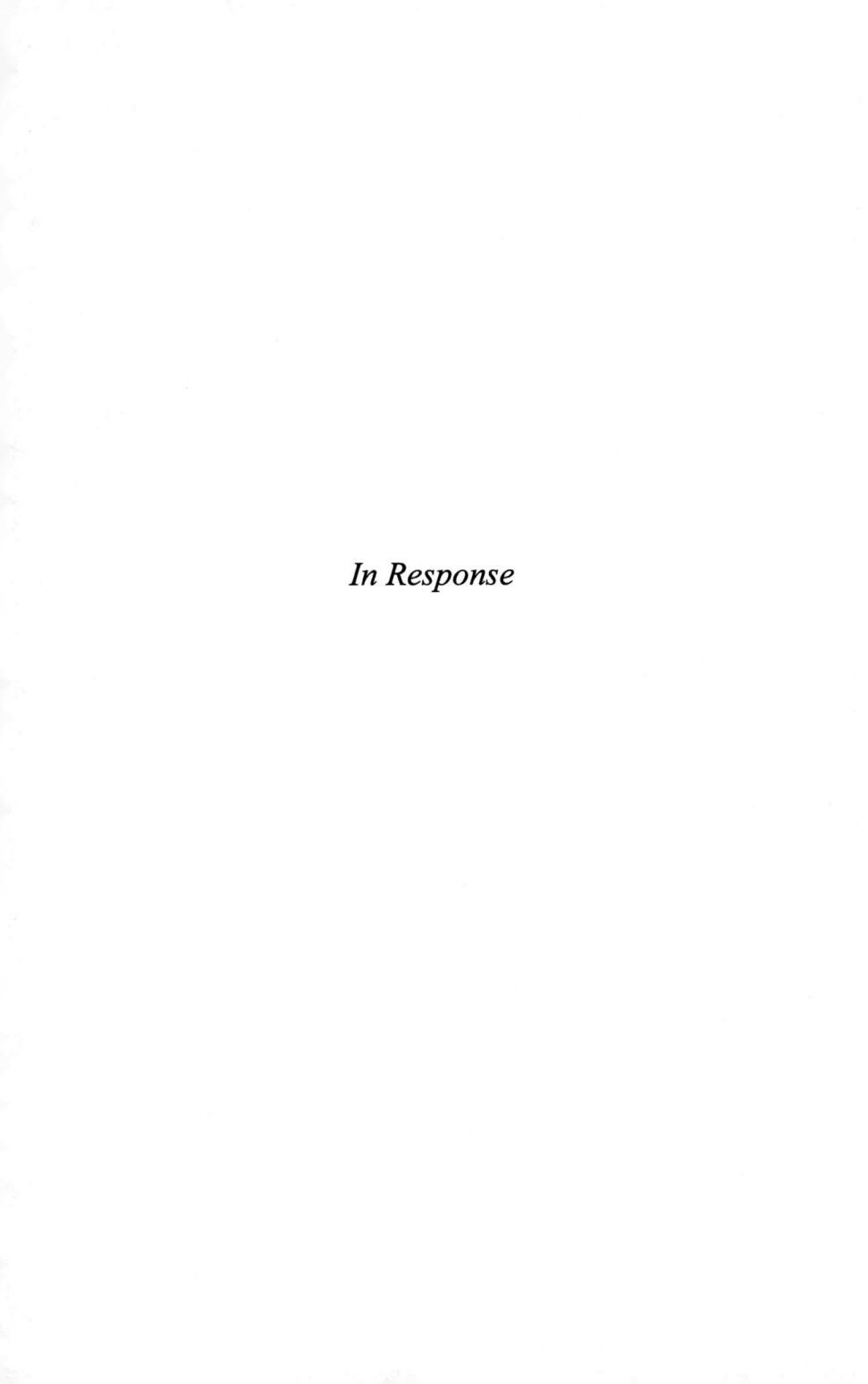

That morning, while sorting his men's accumulated correspondence into neat piles, he thought about his sister's letter again. There it was on top of the improvised nightstand by the side of his bed, in the same place he had left it one night six weeks ago after a cursory read through as he was falling asleep, and there it lay right now, covered with a thick layer of dust and oblivion. Having finished sorting, he told himself there was still enough time to answer his sister before Pupo and the others came to pick him up. But of all his many obligations, he reflected, none was such a chore as writing letters, especially to his sister, who always wrote such nice ones. He thought women were better at expressing themselves in writing since they were more reserved and sentimental in general. Men, on the other hand, got right to the point to his way of thinking. That is why he, as hard as it was for him to write letters, had no trouble finding the words when it came to speaking. This was one of the qualities members of the Party valued most in him when at first; he was given certain responsibilities, and no doubt one of the main reasons for admitting him into the Party now. A natural way with words was essential for being a good Party member, he told himself.

The idea to answer his sister's letter had left him by the time Pupo and the other young men of the brigade arrived with the truck. He knew they were approaching by the sound of their clanking machetes and loud voices, and went out to wait for them on the sidewalk before they pulled up to the barracks. This way, not a minute would be wasted in getting to the cane fields to be on time to start the cutting, he thought.

As always, Pupo gave an unnecessary honk on the horn of the truck as a kind of payback for the contrariety of always finding him waiting for them. Not that Pupo was a bad sort or anything like that, he thought to himself, but rather that the men were always on the lookout for some sign of weakness on his part. That expectation was part of the natural, human makeup that only a high degree of revolutionary consciousness, the very highest to be exact, could remedy. For that very reason, when it came to the sugar cane harvest, where only the strictest of disciplines was possible and leaders had to set a good example, he was left with no other alternative but to be the best.

"You're always ready and waiting, lieutenant," said Pupo. Naturally, he took this greeting as recognition of his qualities, but he did not consider it proper to assign too much importance to it. After exchanging firm handshakes and a few hellos with the men who were riding in the flat bed part of the truck in the back, and who in their own way also showed signs of respect for him, he settled into the cabin beside Pupo and Sergeant Medina. Their conversation gradually made him forget about the letter, and he thought nothing of it again until the end of the day when he gathered his men together to finally give them the mail that had piled up.

Back in his room late that night, his gaze fixed upon the dust covered envelope lying beside his alarm clock. That too was dusty, but like all the other times, blowing a strong puff of air over the top of it made the thin layer of dust disappear. Even so, he absent-mindedly used his hands to complete the cleaning process. With the alarm clock in his hands he wondered, for barely a fraction of a second, whether he should get up at five with the rest of the camp or at four as he usually did. This minuscule hesitation so absorbed him that he forgot all about his sister's letter until the moment the alarm clock found its way back onto the night table along side the envelope. Taking it into his hands, he raised the envelope toward his lips to blow the dust off of it and explicitly promised himself that he would write a short letter to his sister as soon as he got up, not the one he would have liked to have written her, but at least...

The lantern of the Coleman lamp was consumed to the point of being a small pile of immaculately white ashes lying inside the glass chimney. He had fallen asleep without turning it off and this was the result, but what was really unpardonable —he told himself— was that the alarm did not go off, or worse yet, that he had not heard it. It was necessary for one of his subordinates to come knock on his door, meanwhile Pupo found particular pleasure in sounding the truck's horn that morning and the others clanged their machetes loudly to really rub it in.

He reflected on how he had also failed to hear the camp's reveille, that metallic clanging[17] that starting at five, rang out like a bell tower in the hands of a madman.

That morning —he told himself, when already in the cane field— it was easy to perceive the hidden cunning in Pupo's voice when he greeted him with his usual hello. And to think that this weakness to which a person should never succumb came over him exactly one day before there was to be a break in the sugarcane harvest, to give the men of the brigade a rest before they submitted themselves to more. In principle he, himself, had been opposed to this break. If he accepted it, it was only in obedience to orders he had received.

Because of all these things going through his mind, he had not thought about the letter again

---

[17] Instead of a bugle, someone using an improvised mallet to strike a large metallic object, like a plow disc, awakened the troops.

throughout the entire day. In vain he tried to vent a prolonged and consuming ill humor that he took great pains not to show, by lashing out at the cane stalks with untiring, truce-less swipes of his machete. That night back in his room, while he placed a new lantern in the Coleman lamp and solemnly swore to himself on his honor as a revolutionary leader that what had occurred would not happen to him again. He also remembered the unfulfilled promise of the night before. No sooner had he started to write the date in the right hand margin of the blank sheet of paper, when he realized that the date had escaped him. Probing his memory in search of some important event or landmark date that had just occurred or was about to happen, he realized that none of the anniversaries or national holidays, public rallies, official calls to the harvest, etcetera, registered in his memory at that moment. Overcoming his discomposure, he told himself that the whole thing should not worry him too much. It was nothing more than a slight lapse. To cheer himself up, he reasoned that in the state of extreme fatigue to which, despite himself, he admitted he had fallen (after another day as exhausting as all the others); it was only natural that something like this would happen. Thinking about the fatigue he experienced, he told himself he was beyond exhaustion, because that very conviction filled him with a certain satisfaction, remembering how he had used it to boost his morale when working in the sugar cane fields in front of his men. So what if fatigue could play tricks on someone; so long as it did not get to a man's will, because if it did, he was a goner. A man without a will of his own did not deserve to be called a man. And being a real man was the only thing that counted. How could anyone call himself a revolutionary without being the kind of man he should be? "The highest rung in the ladder of the human species," he told himself, remembering the sign over the entryway to the military encampment. He had used those same words to address his men called to formation in the parade grounds at the base before the sounding of taps, and found further inspiration in the words of another sign located at the side of the road: "No whining or complaining in the face of difficulties; only work!"

That is more or less what he started to write his sister after taking the shortcut of telling himself that the date was the least important thing after all and headed the letter: Najasa Sugar Mill, 1979, "The Twentieth Year of the Victory." While he wrote, he told himself that once he got started on the letter…, his head nodded as a profound weariness overcame him, it would be easy for him to finish it. He yawned loudly and assured himself that nothing could be easier.

The following morning, just as he had planned, he was sure not to oversleep again. As was his custom, he got up at four, before the enormous stoves of the mess hall were lit to prepare the meager breakfast for that morning. As he packed a few belongings into a wooden suitcase after washing up in a hurry, he again came across the yellowed sheet of paper covered with a thin layer of dust that had fallen over everything the night before.[18] The men were getting an early start on welcoming in the New Year by raising a ruckus in their quarters right after the official announcement that they had five days of leave to go home to their families to celebrate "a new anniversary" of revolutionary triumph, and the fact that "all the goals had been met." Slapping

---

[18] Areas near sugar mills are continually showered with the fine dust that is a combustion product of the refining process, spewed into the air by the huge chimneys that are a hallmark of every sugar mill.

his forehead with the palm of his hand, he suddenly recalled the date that had so doggedly escaped him the night before, but he made light of this observation.

That morning he would have to abandon any idea of having breakfast with his men, so that he could leave his quarters and all the affairs of headquarters in perfect order. Having done this, he hurriedly placed the sheet of paper that was the unfinished letter on top of some papers he had just dusted off and stuffed them all out of sight, into the bottom of his suitcase. Fleetingly, the idea went thru his head that there would probably be time to visit his sister on his way back. So, he had to admit, his intending to write her that letter made no sense at all.

He had little time for self-recrimination over this, being hurried along by the pressing insistence of the soldiers on pass, and who were urged on by Pupo sounding the horn of the truck in front of the door to his barracks. He thought his ears must have been playing tricks on him since he could not fathom how it was possible that he was behind schedule again, despite his solemn promise of the night before. This time he did not even attempt to find a reasonable explanation: the possibility that, for example, his men had also decided to skip breakfast, or that going with less sleep, they had gotten up earlier to straighten up the barracks. After all, Sergeant Medina was in command, and he was sure his sergeant would not overlook his orders to leave the barracks in tiptop shape. As much as he wanted to deny it, he became more and more possessed by a sudden, inescapable clarity; he realized that his well cultivated prestige as a revolutionary had finally come to an end. It took no more than a few seconds to realize it. The idea lodged right between his eyes like a sharp and penetrating blade tormenting him. He brought the barrel of his gun close to his mouth as if blowing dust from it, but the weapon had been protected from dust by a gauze wrap that gave it the appearance of an appendage dressed in anticipation of its wound.

The muffled shot sounded like a firecracker going off in the distance because of the insistent clanging of the machetes and the honking of the truck's horn. The body contorted for several moments over the bed frame in an involuntary shudder. The head dangling backwards had its eyes wide open and gazed at the improvised nightstand, where the alarm clock the deceased had forgotten, remained.

El condecorado

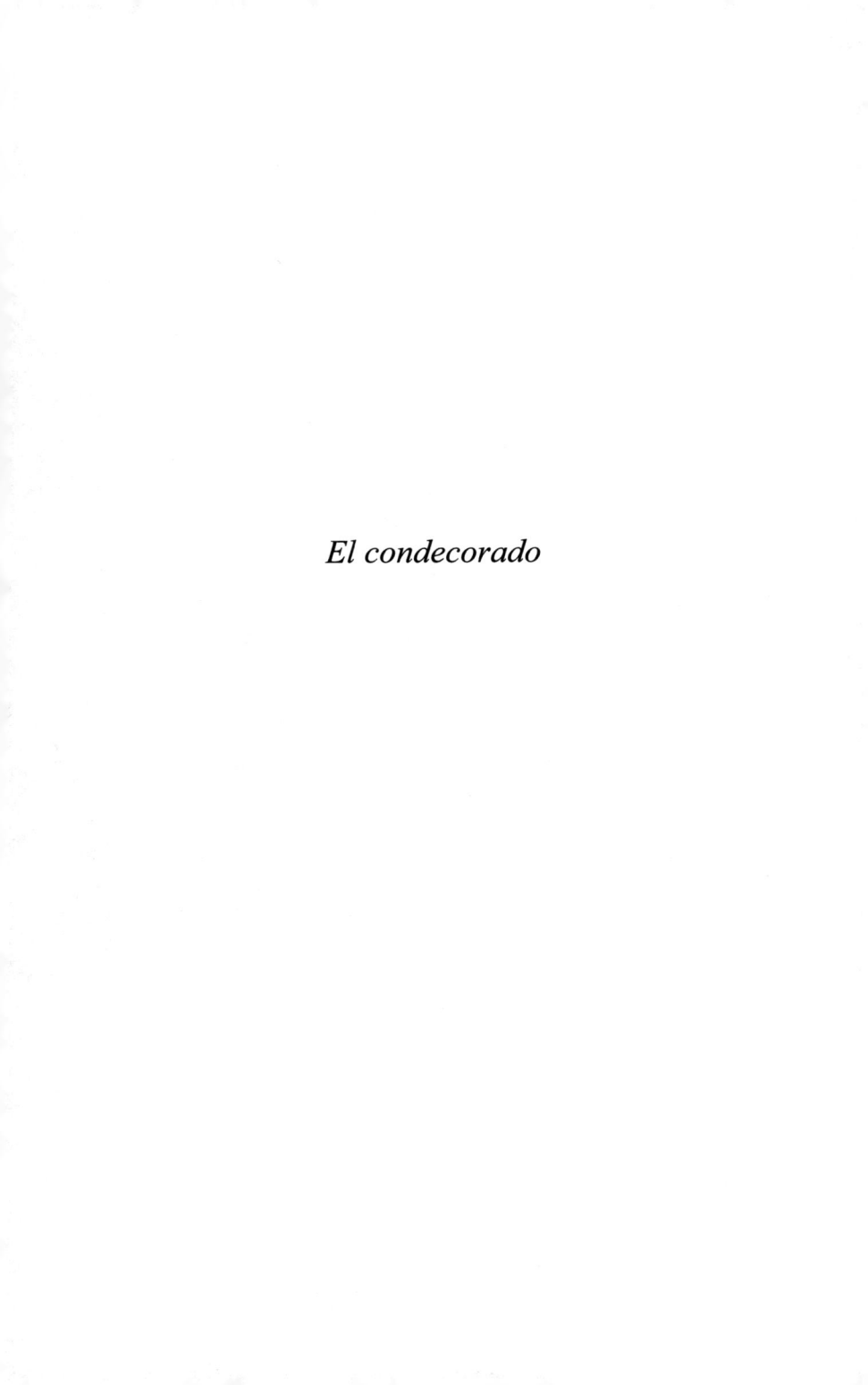

Tato subió las piernas sobre la mesita del café donde solía haber adornos de porcelana —ahora lo recuerda—. Los adornos, que ya no están por parte alguna, se colocaban en el segundo nivel. Más que una mesa, se trataba de una repisa a la que el padre, siempre diligente en otra época, había colocado dos pares de ruedits. Estas crujían suavemente al echarse a rodar sobre los pisos de mosaicos que alcanzaban una porción del patio, aquella donde la familia solía reunirse a cenar algunas tardes. La cena era servida por la madre con una sencilla elegancia campesina que él no vería mucho en otras casas. En la mesa había siempre flores frescas, que la madre, o él mismo cortaba a solicitud de aquélla. Su madre no había aprendido a leer y a escribir sino hasta cumplir los trece años. Una tía, hermana de su madre, se había hecho cargo de los huérfanos. Pero la sencilla elegancia de la madre —pensaba ahora— no era algo aprendido en ninguna escuela, sino un don natural. Su padre —se dijo— también había sido en otro tiempo, (el de la niñez y adolescencia de Tato) un hombre lleno de vitalidad y sueños. Sueños sin complicaciones que el hombre llamaba sus sueños en madera, como la mesita del café sobre la que ahora reposaban las piernas de Tato. Bajó las piernas, como si en cualquier instante fueran a reprochárselo su padre o su madre, pero se dio cuenta de que estaba falseándolos al suponer aquello. Ni uno ni otro hubieran sido capaces de reprocharle nada. Todo cuánto querían enseñarle en la vida, esa interminable sarta de hábitos y costumbres; prohibiciones y permisiones que los hijos aprenden de los padres para enseñarlas a su vez, a los propios hijos, lo habían conseguido ellos a fuerza de una docilidad y una paciencia inquebrantables. Sus padres eran gente distinta a la inmensa mayoría de los padres de sus amigos que había conocido. Hasta llegaba a sentirse un poco desdichado por ello. ¿Por qué no había tenido él padres como todo el mundo, que le hicieran más fácil la vida: pelearse como todo el mundo, divorciarse, tener hijos y abandonarlos, decir malas palabras, acalorarse? Todo eso había tenido que aprenderlo él por su cuenta, ya tarde en la vida —se diría—. Porque durante su niñez y la primera adolescencia existía la casa, y el patio; estaban ahí sus padres y la seguridad más absoluta. Él era inmune hasta a los comentarios de aquéllos de sus parientes que estimaban que sus padres hacían mal, que en estos tiempos en particular era muy malo educar a los muchachos, a los varones sobre todo, de esa manera. Y ahora el divorcio, —se dijo Tato—. ¿Por qué no podía ser él como todo el mundo? Casarse, divorciarse, casarse, divorciarse y volverse a casar y a divorciar. Lo peor iba a ser acostumbrarse a vivir ambos bajo el mismo techo. Después de todo, aquélla era la casa de sus padres. Su madre ya había muerto —¡en paz descanse!— pero su padre, aunque paralítico, aún vivía.

—En mi época... —decía él— Eso se llamaba una desvergüenza.

Se lo decía a Tato como si esperara de éste una reacción, una determinación que pusiera fin a aquel estado de cosas. El hijo se dio cuenta que también su padre había cambiado, que ahora se había vuelto un poco como todos los demás padres que conocía, exigiéndoles a los hijos que hicieran algo por ellos: determinada cosa, de una determinada manera, pero como si no lo hicieran en absoluto, sin querer admitir que eran ellos los destinatarios de aquella decisión que estaban reclamando.

Tato se quedó pensando en el engaño. Cuando tomó la súbita decisión de ofrecerse como voluntario —ahora lo recordaba— pasaba tan poco en su vida, que pensó en un cambio. Había estado pensando en él durante mucho tiempo. Todo marchaba en su matrimonio. Demasiado bien, quizás. Marifeli parecía satisfecha. Los dos habían ingresado en el Partido. Tenían dos niños: una hembrita y el varón. No había por qué buscar más. Pero eso que faltaba en su vida, algo distinto, creyó posible encontrarlo ofreciéndose como voluntario para pelear en Angola. Luego, su padre había sufrido de una embolia mientras él estaba en el frente. A su regreso, al verlo en su silla de ruedas tuvo la impresión de que el viejo había muerto. Hablaba con un fantasma, el fantasma de su padre, que ahora volvió a decir:

—Eso no tiene otro nombre... ¡Una desvergüenza!

Pensó que, en efecto, su padre tenía aún más derecho que él mismo a sentirse ofendido en su amor propio. Todo había tenido lugar —le dijo— bajo el techo de su casa, delante de sus ojos; y delante también de los ojos de los niños. Naturalmente, aquello de delante de los ojos era un decir. La noción de que los hechos hubiesen ocurrido bajo el mismo techo, sin embargo, no era una metáfora. Volvió a colocar los pies sobre la mesita. Se preguntaba dónde estaba su rabia, aquella que debía sentir en lo profundo de sí, y que no sentía más que superficialmente, para que no se echara de menos en él. No estaba dispuesto sin embargo —de eso estaba seguro— a acusarla públicamente, ante el núcleo del Partido. El afrontaría las consecuencias de sus actos. No podía dejarle la casa, como habría querido, a causa de su padre; pero tampoco buscaría echarla por la fuerza. De por medio estaban sus hijos —se dijo Tato—. Dividirían la casa —se decía ahora—. Encontrarían una solución que les permitiera vivir juntos sin seguir casados. Al diablo con la gente. Pero ¿y su padre? ¿Qué pensaría su padre, o mejor dicho, cómo lo afectaría su decisión?

Desde su regreso había hablado muy poco con

Marifeli que pasaba la mayor parte del tiempo en la casa, ocupándose de los hijos desde que le habían quitado el carné de militante. El se había negado a mudarse a una casa de visita que el núcleo le ofrecía a fin de evitar la convivencia.

—Voy a hacer café. ¿Quieres un poco? —dijo ella, interrumpiendo el flujo de sus pensamientos.

—No —se apresuró a decir Tato, y luego, como si no se diera cuenta de que se contradecía, añadió. ¡Un poco!

El partido le había asignado un militante, un compañero, que en su ausencia se encargara de velar por ella, por los niños. Pero sobre todo por la moralidad de su conducta. Cuando el Partido le informó que Marifeli lo engañaba, o lo había engañado con aquel hombre, por lo cual ahora se le exigía a él un divorcio, no asumió nunca responsabilidad alguna por los hechos.

Sin esperar por el café se puso de pie y salió de la casa. Había madurado su decisión por la que sentía, a pesar suyo, una cierta ansiedad. Las condecoraciones prendidas a su camisa tintineaban al chocar entre sí como las cuentas de los molinetes de cristal o de cerámica con que su madre llenaba la casa cuando él era niño. Pensó en las bromas oídas en el pueblo a su costa, o a costa de los que como él habían sido engañados por sus esposas.

—Ahí va un condecorado

—¡Con la Orden del Perfecto *Vikingo*!

Sintió rabia. Rabia de estar solo contra todos, a pesar de esos otros como él. Pensó por un instante que el único modo de evitar la burla, el escarnio y la indiferencia del Partido ante ellos, consistía en divorciarse. Había llegado. Sus condecoraciones tuvieron algún efecto inesperado e impreciso, entre sus camaradas de núcleo. Por un instante apenas, hicieron

que él se sintiera parte nuevamente.
—No voy a divorciarme —dijo—. No quiero divorciarme.
Entregó su carné de militante. Lo puso en las manos del Primer Secretario y se marchó así como había venido, enseguida, sin escuchar una sola palabra; con una determinación poco conocida en él. De regreso iba silbando. Por ahora no pensaba, es decir, se esforzaba en no pensar en nada. Cuando entró en la casa, Marifeli acababa de colar el café.
—Vaya! ¡Ya decía yo que en algún lugar debías de estar!
—Gracias! —dijo él, tomando la pequeña taza en sus manos.
La mujer se detuvo un instante a mirarlo.
—¡Eh! ¿Desde cuándo aprendiste tú a dar las gracias?

A Decorated Soldier

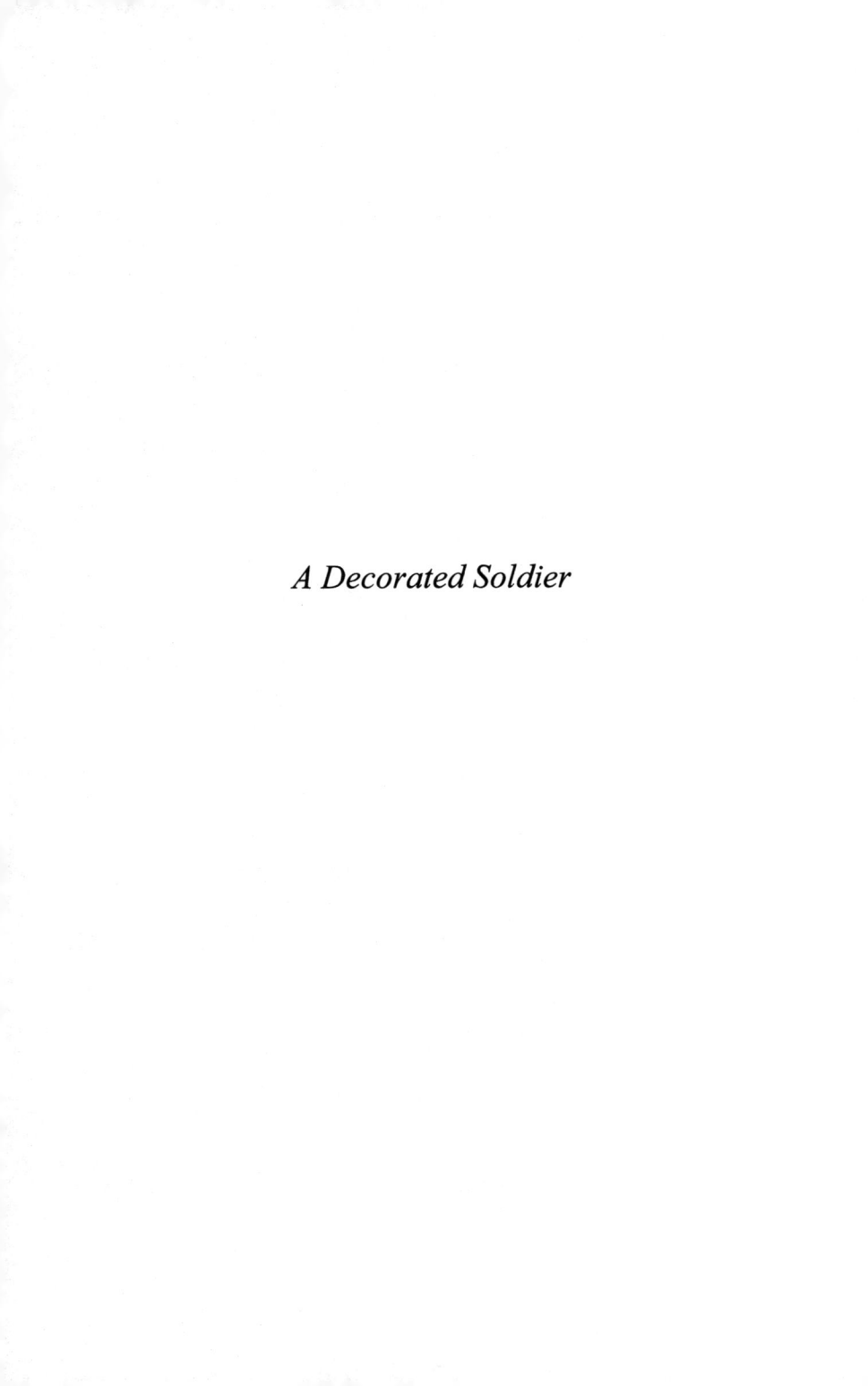

Tato rested his feet on the coffee table that he remembers used to display a collection of small porcelain knickknacks. Those ornaments, that now are nowhere to be found, used to sit on the lower shelf. More than a table, the structure was really a two-tiered wall shelf to which his father, always tinkering back then, had attached two pairs of small wheels. They squeaked softly whenever they started to roll over the tiled mosaic floors that led out onto the patio where the family used to dine together in the evening. Dinner was served by his mother with a simple, country elegance of which he saw very little in other households. The small table was never without an arrangement of fresh flowers that his mother or he, himself, at her request had cut. His mother had not learned to read or write until the age of thirteen. An aunt, her mother's sister, had taken custody of the orphans. His mother's simple elegance, he reflected now, was not anything one could learn in school, but really a natural gift. His father, he remembered, had been back then (the years of Tato's childhood and adolescence) a man full of vitality and dreams. Uncomplicated dreams that the man used to call his dreams that came to him through wood, like the coffee table that Tato's feet were resting on right now. He lowered his feet, as if at any moment his mother or father were going to command him to, but realized he was misrepresenting them by thinking such a thing. Neither one of them would have been capable of scolding him for anything. All the things they wanted to teach him about life, that endless series of habits and customs, prohibitions and permissions children learn from their parents and in turn hand down to their own children, they were able to do by means of an unfailing gentleness and patience. His parents were different than the vast majority of his friends' parents whom he had met. He even came to feel a little out of place because of this. If only his parents had been like all the others - fighting with each other, getting divorced, having children and abandoning them, getting into heated arguments - if only they had been more like this they would have made life easier for him. Instead, he had to learn all this on his own, too late in his life, it might be said. Because the house with its patio existed during his childhood and early adolescence, his parents and the most absolute security were there. He even remained immune to the comments of those relatives who believed that what his parents were doing was wrong, that in these times in particular it was very bad to educate children, especially boys, in this way. And now the issue of the divorce, thought Tato. If he could only be like everybody else! The hardest thing was going to be for both of them to adjust to living peacefully under the same roof. The house was the house of his parents, after all. His mother had already died (may she rest in peace) but his father, a paralytic, was still living.

"When I was young..." the old man said, "...this type of thing was considered a disgrace."

He said so to Tato as if expecting some type of reaction, a specific decision from his son that would put an end to this state of affairs. Tato noticed that his father had changed, that now he had become a little more like all the other parents he had known, demanding that their children do something for them: a certain thing in a certain way, but without wanting to admit that they, the ones to benefit from the action, were the ones making the demands, as if they were not doing it at all.

Tato thought for a while about the cheating. When he had made the decision to voluntarily enlist in the army, he reflected now, so little was happening in his life that he thought he was ready for a change. He had been thinking about it for a long time. Everything was going well in his marriage. Too well, perhaps! Marifeli seemed content. They both had become members of the Party. They had two children, a little girl and a boy. There was no reason to look for more. But the thing that seemed lacking in his life, that certain something, he thought he could find by volunteering to fight in Angola. While he was in combat there, his father suffered a stroke. Upon his return and seeing his father in a wheelchair, it seemed to him that the old man had died. He was speaking with a ghost, the ghost of his father who now spoke up again.

"There's no other name for it... A disgrace!"

He thought that, in effect, his father had more right than he, himself, to feel offended about what had happened. Everything had taken place, his father had told him, under the older man's very own roof in front of his very eyes and those of his grandchildren. Of course the part about in front of his eyes was only a figure of speech. The notion that what had happened took place under his very roof, however, was not a metaphor. He propped his feet back upon the table. He asked himself, where was all his anger? Why was it not raging deep inside of him? And realized that what superficial anger there was, he felt just so others would not miss it in him. He was not angry enough, however, (and he was certain about this) to denounce his wife publicly in front of the Party officials. He would face up to the consequences of his actions on his own. He could not leave her the house as he wanted to do because of his father, but he did not want to find some trumped up excuse for forcing her out either. He thought about how his children were caught in the middle. They could divide up the house, he told himself now. They could come to a mutually acceptable agreement that would permit them to live together

291

without continuing to be married. To hell with what people thought. But "What about his father?" What would his father think, or rather, what effect would his decision have on the old man?

Since his return home he had exchanged few words with Marifeli who spent most of her time in the house keeping herself busy with the children ever since her Party I.D. was taken away. They continued living together because he had refused to move into the "visitor's house" the Party had offered to provide.

"I'm going to make some coffee. Would you like some?" she asked, interrupting the flow of his thoughts.

"No," Tato forced himself to say, and then as if unaware that he contradicted himself added, "a little!"

During his stay in Angola, the Party had assigned a male Party member to his home, a compañero that would look after his wife and children. Above all, he would supervise the "morality" of her behavior. When the Party informed him that Marifeli had cheated on him, that she had cheated on him with this man, they refused to acknowledge any responsibility whatsoever for the course of events, and yet were demanding that he get a divorce.

Without waiting for his coffee he got up and left the house. Despite himself, he felt a certain anxiety regarding what he was about to do. The medals pinned to his shirt tinkled as they tapped against each other like the glass and ceramic wind chimes with which his mother filled the house when he was a child. He thought about the jokes he had heard around town at his expense, or at the expense of others who like him had been cheated on by their wives while away overseas.

"There goes a decorated soldier."

"Yea, he's wearing the medal of the High Order of Cuckolds."

He was angry. Angry at being alone against all others, despite those others that were just like him. For a moment he felt that the only way to avoid the jokes, the jeers and the Party's indifference in the face of all this was to get a divorce.

He arrived at his destination. His medals had an unexpected and obscure effect on his comrades in the Party. For a brief moment they behaved as if he were being made part of their circle again.

"I'm not going to get a divorce," he told them. "I don't want to divorce my wife."

He handed back his Party I.D. He placed it right in the palm of the First Secretary and walked out the same way he had entered, immediately, before hearing a single word in response and with a determination a bit unlike him. On the way back home he was whistling. For the time being he was not thinking, rather he was forcing himself not to think about anything. When he entered the house Marifeli had just finished making coffee.

"There you are! I knew you had to be some place or another!"

"Thank you!" he said, as he took the small cup in his hands. His wife paused for a moment to look at him.

"My goodness! Since when did you ever learn to say thank you?"

La quemada

—Ya no se puede hacer más nada —dijo ahora Fermín, mirándose las quemaduras de los brazos como si estos no fueran suyos; alguien debía extenderlos delante de su cuerpo con unos hilos invisibles y tirar de ellos, de él. Alguien que debía hallarse detrás de todo lo ocurrido también, sin dudas. Pero él no pensaba en Dios. No pensaba en nadie, ni siquiera en nada, sino en la fatalidad que está siempre ahí, sin que la veamos; a nuestro lado como un pozo sin brocal, un río o un pantano, y hasta en la forma de un automóvil que de repente pierde el control y se nos echa encima, pero que a veces, como ahora, se hace presente en la llamita de un fósforo y en la cotidiana naturaleza del alcohol de cocina. Estábamos diciéndole que también a él tenía que verlo el médico. Pero Fermín no pareció entender algo tan simple hasta que aquello que parecía tirar de sus brazos se hizo más específico tironeándole de los terminales nerviosos y produciéndole un dolor intenso y desesperado. Sólo entonces se dejó conducir al hospital por uno de sus hijos.

—Está muerta la pobrecita —dijo todavía, mientras esperábamos porque apareciera el carro que debía conducirlo al hospital, como si tratara de convencerse a sí mismo del hecho, deseando tal vez que lo contradijéramos con nuestra empecinada esperanza. Pero ninguno lo contradijo. La madre de la muerta sollozaba quedamente, empequeñecida, tal vez sin comprender muy bien lo que ocurría, y hasta indiferente a ello —dirían luego algunas de las vecinas que ahora la rodeaban con sincero afecto—, pues no de otro modo podía explicarse que aquella mujer no prorrumpiera en grandes lamentaciones.

A la quemada no se le conocían novios, disgustos, decepciones; esas cosas, en fin que pudieran explicar su decisión, dar un aparente sentido a lo que nos desconcertaba.

—Acababa de cumplir quince años —dijo de repente su madre como si pudiera decirse algo semejante sin romper a llorar. La miré en ese momento como si de este modo pudiera alcanzar a comprender algo oculto, tenebroso quizás, pero comprensible en esa mujer. Algunas vecinas se ofrecieron a acompañarla a prestar declaración en cuanto llegaron las autoridades. Fermín también fue citado para prestar testimonio después de la cura y el grupo de vecinos y demás curiosos se quedó comentando lo sucedido cuando el alfita se alejó haciendo ulular la sirena, y provocando la consternación y el alboroto de todos los perros del barrio.

Aparte de Fermín, ninguno otro parecía rendirse a la evidencia de la fatalidad; por eso seguíamos indagando una razón cualquiera que nos permitiera, acaso, pensar más tarde en la compasión.

—Ese pobre hombre ha quedado destrozado —pareció ahora darse cuenta una de las vecinas, pensando en Fermín y moviendo negativamente la cabeza como si no pudiera creerlo, o tal vez negándose a la evidencia—. ¡Podía haber sido su hija, claro!

—Cuando salió del cuartico ése... (Yo la vi salir) —dijo ahora otra de las mujeres—. ¡Qué horror por Dios! —dijo ahora sin poder continuar.

Otros también la habían visto correr envuelta en llamas.

—Sin dar un solo grito —aseguró el viejo don Hilario, golpeando con el extremo de su bastón en la tierra, como si quisiera infligirle a ésta algún daño que lo resarciera de lo que habían visto sus ojos—. ¡Sin dar un sólo grito!

La muchacha había estado a punto de chocar con él, que se encontraba al fondo del patio, hablando en ese instante con la vecina.

—Con las muchachas de su edad hay que andar a cuatro ojos —dijo ahora otra de las vecinas, antes de marcharse—. Como están en la edad del desarrollo, y eso... Cualquier cosa puede pasar.

Nos reímos todos sin saber muy bien por qué nos reíamos. De la manera tal vez que la mujer tuvo de decirlo, o de su inmensa papada cayéndole sobre el pecho a medida que hablaba. La idea de que pudiera ser *el desarrollo* la causa no me había pasado entonces por la cabeza, pero acabé adoptándola como los demás, a pesar de nuestra risa.

—Las mujeres siempre se quitan la vida con candela —dijo el viejo nuevamente—. ¿Por qué será?

—O se cortan las venas—dije yo, recordando a la hija mayor de Lala Benítez.

—Sí, señor —intervino ahora otro de los hombres— la nietecita de Evangelina Prieto así mismo fue que se quitó la vida ¿No se acuerdan?

—¿Y los hombres qué...? ¡Se ahorcan! ¡Y se *pican* las venas también! —dijo ahora con agresividad una de las mujeres, mirándonos con sus ojos brillantes. Del lado de su cuerpo sacó entonces una mano que parecía tener muchísimos dedos y se puso a contar mientras decía:

—¡Alberto Granados! (El hijo, no el padre) ¡Naro Marín! ¡Gregorio! ¡Boca'e Sopa! ¡Quintiliano!

Nadie hacía nada para pararla y ella se detuvo al fin porque se dio cuenta de haber ganado. Yo no sabría decir muy bien qué apuesta, pero en efecto, ninguno de esos suicidios a que se refería la mujer ocurrieron por fuego. En cambio, las muchachas:

—¡La hija de Rebeca! ¡Maricarmen! ¡Nemesia! ¡Hortensita Medina! ¡Y ahora Barbarita! —dijo la mujer con evidente satisfacción.

—A la gente de hoy en día, no hay quién la entienda —dijo don Hilario antes de alejarse con un mohín de disgusto.

—¡Eso es verdad! —agregó una de las vecinas—. Antes, de casualidad oía una, de alguien que se ahorcaba o que se pegaba candela.

—¡Es lo que está de moda, *compañera*! —dijo alguien en son de broma—. ¡Tiene que actualizarse!

Pensé decirle algo al individuo, que aquello que decía era de muy mal gusto, que no era el momento, pero casi todo el mundo rió de buena gana, como habíamos reído antes, de manera que no dije nada de lo que pensaba y me alejé del grupo mientras trataba de encontrar una causa, una explicación, a lo que había pasado.

The Immolation

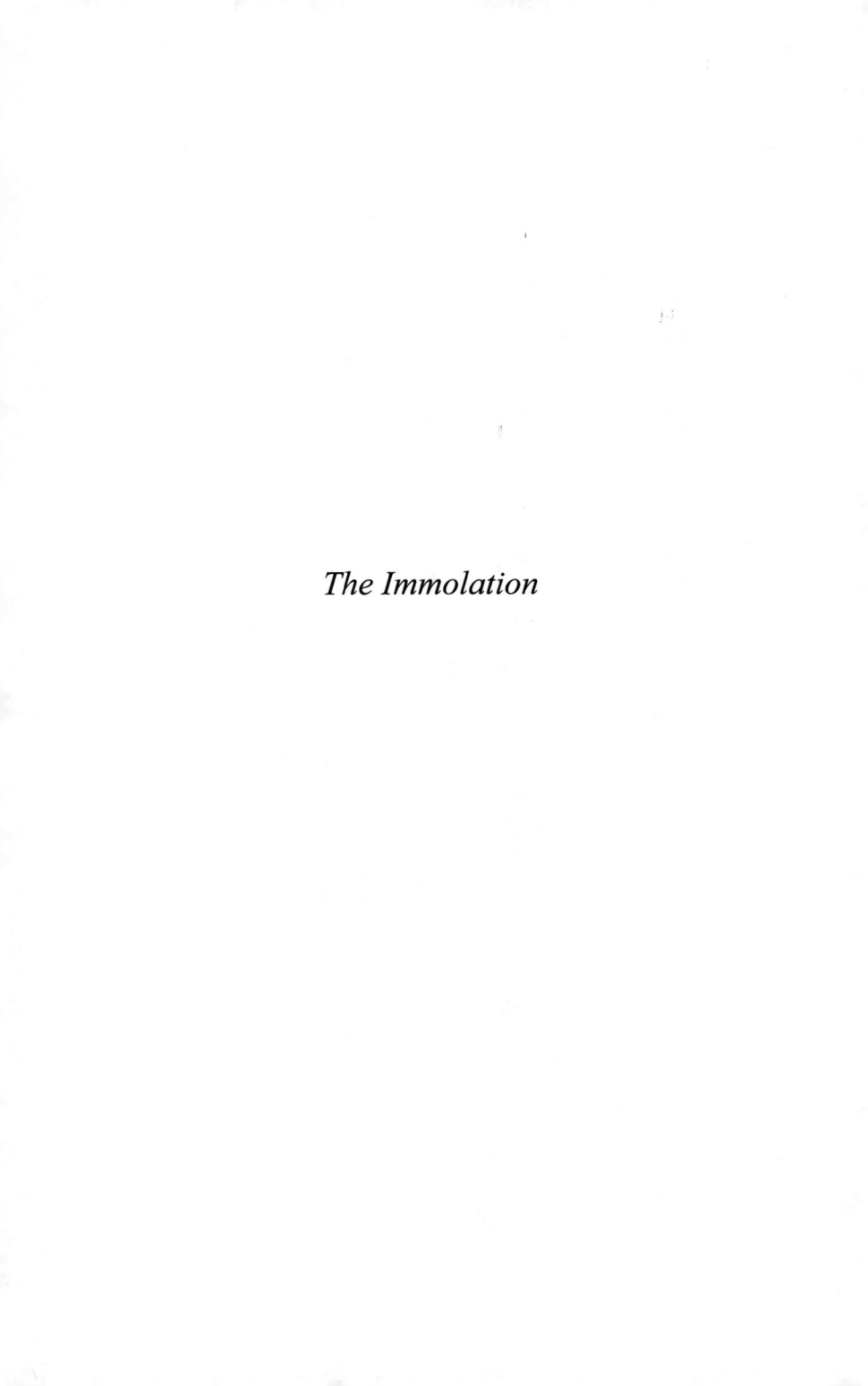

"Nothing else can be done at this point," Fermín said now, looking down at his badly burned arms as if they were the arms of another person; somebody else must be pulling on invisible strings to raise them out in front of him like that. No doubt that same someone who must be behind everything that just happened. But he was not thinking about God. He was not thinking about anybody or even anything, except that ever present, lurking danger, always invisible yet ever close at hand, like an uncovered well shaft, a river or swamp, or even in the form of an automobile that suddenly loses control and runs us over, but that at times, like now, is made manifest in the meager flame of a match and the everyday naturalness of lighter fluid. We were telling Fermín that he, too, needed to see a doctor. But something so obvious did not seem to register in him until that sensation of something pulling on strings became more specific and now seemed more like a pulling directly on nerve endings, thus producing an intense and dire pain. Only then did he consent to have one of his children accompany him to the hospital.

"She's dead, the poor girl is dead," he was still saying while we waited for the car that would take him to the hospital to appear, as if trying to convince himself of the fact, and perhaps wishing our stubborn hope would contradict him. But no one disputed what he said.

The mother of the dead girl was reduced to sobbing quietly, not knowing full well what had happened or maybe even indifferent to it, which is what some of the neighborhood women now gathering around her in sincere sympathy would say later. How else could you explain that the woman was not wailing in desperation?

No one was aware of the girl who set fire to herself having had any boyfriend troubles or any other kinds of quarrels or disappointments. There seemed no explanation for what she did; nothing to even begin to make sense out of the uneasiness we felt.

"She just turned fifteen," her mother suddenly said, somehow managing to hold back her tears. I looked at her just then, thinking that by so doing I would come to understand something hidden, perhaps even dark, but above all something comprehensible in that woman. As soon as the authorities arrived, some of the neighborhood women volunteered to accompany her to the office to give her official statement. Fermín was also cited to testify after he had his burns tended to. A group of neighbors and onlookers remained behind commenting on what had happened when the Alfa Romero he rode in sped off with sirens blaring, arousing the loud howling and barking of all the dogs in the area.

Apart from Fermín, no one else seemed willing to accept this grave misfortune as fact. That is why we kept searching for some sort of reason to explain what she had done, anything that would somehow allow us to be more compassionate later.

"That poor man has been broken to pieces," one of the neighborhood women remarked, now seeming to notice. And thinking about Fermín, she shook her head in either disbelief or possible refusal to accept the facts. "It could just as easily have been his own daughter!"

"When she came running out of that shed over there… (I saw her with my very own eyes)," another woman said. "God help me, how awful!" she added, without being able to continue.

Other people had also seen the girl running while enveloped in flames.

"She didn't scream a bit," asserted old Mr. Hilario, fiercely striking the end of his cane against the ground, as if wanting to punish the earth to compensate for what he had seen. "She didn't let out a single scream!"

The girl had almost run into him as he stood in his back yard talking to his neighbor.

"You really have to keep your eye on girls that age," said another woman before leaving. "Since they're at that age of development and everything... Anything can happen."

We all laughed without knowing exactly why we were laughing. Perhaps it was the way she said it, or her enormous double chin that hung over her chest as she talked.

The idea that *development* could have been the cause had not entered my mind until then, but like everybody else I ended up adopting it as the explanation, despite our having laughed.

"Women always kill themselves by fire," said the old man speaking up again. "Why is that?"

"Or they slash their wrists," I said, remembering the death of Lala Benitez's oldest daughter.

"That's right," added one of the other men this time. "Evangelina Prieto's little granddaughter, that's exactly how she killed herself. Do you remember that?"

"And how about men? They hang themselves! And they do their own share of wrist slashing," said one of the women aggressively, looking at me with fiery eyes. From the side of her body she produced a hand that appeared to have a multitude of fingers, and began counting them off as she spoke.

"Alberto Granados! His son! Naro Marín! Gregorio! Boca'e Sopa! Quintiliano!"

No one did anything to stop her and she finally let up when she realized she had won. I was not quite sure what the contest was, since after all, none of the suicides she referred to were by fire. On the other hand girls:

"Rebecca's daughter! Maricarmen! Nemesia! Hortensita Medina! And now Barbarita!" said the woman with obvious satisfaction.

"The people of today, there's just no way of getting to understand them," the elderly Hilario said, walking away with a look of disgust on his face.

"Isn't that the truth!" Added one of the neighborhood women. "Before, you hardly ever heard about people hanging themselves or setting themselves on fire."

"It's the thing to do these days, lady," said someone jokingly. "Get with it!"

I felt like saying something to the person, that the comment was in very bad taste, that this was not the time, but nearly everybody laughed so much that I decided to keep quiet and slipped away from the group, meanwhile trying to come up with a reason, some sort of explanation for what had happened.

Patología

La culpa de todo la tuvieron el profesor de latín, las clases de francés y la tía Laura (¡que en paz descanse!) con su finura de mierda, su pianola, su flan de leche, y su hora del té. ¡Eso! Sí. La tía Laura (¡Dios la tenga en su gloria!) era una excéntrica que vivía en otro mundo. ¡En otro siglo, querrás decir! La culpa fue de su madre que lo abandonó antes de que cumpliera los dos años para irse a correr mundo. La culpa no fue de nadie más que del padre que lo hizo, dejándolo así a la buena de Dios con su tía, que aunque era una buena mujer, después de todo no era más que una mujer y no podía sino enseñarle a la criatura cosas propias de mujeres. La culpa fue de Dios, o del diablo, quién podría decirlo. Y además, qué se adelanta ahora con saberlo, digo yo. Para mí que no se debe culpar a nadie sino al destino que cada uno trae consigo. Pero las culpas nunca caen al suelo, tío. Alguno tuvo la culpa de todo lo ocurrido, y para mí que ese alguien no fue otro que el mismo muchacho, que bien pronto le tomó el gusto a servir el té a las visitas, medir el azúcar, recitar latines y teclear en la pianola los minués franceses. (Dicen las malas lenguas, sacando la mía del cuento, que hasta los nueve años lo trajo de bombachos, bucles muy bien rizados y sandalias, la tía Laura). ¡Completamente echado a perder! Ya te podrás imaginar el vía crucis que habrá tenido el pobrecito... El que nace para hombre, hombre se hace. Yo al muchacho no lo garantizo, para mí que su problema es de herencia. A la madre habría que preguntarle, porque lo que es en nuestra familia no ha habido hasta aquí de tales casos. Para mí que el asunto no tiene ya remedio, y lo que remediarse no puede, olvidarlo es lo mejor. ¿Olvidarlo, dices? ¿Pero como olvidarlo? ¿Es que la gente va a olvidarse acaso de nosotros y a dejarnos en paz por un momento? Cada uno con su defecto, es mi lema. ¿No les parece a ustedes aconsejable? A ese defecto, tío Manuel, le llaman sinvergüenzura en mi tierra. Lo que le pasa al muchacho es que está mal de la cabeza. Apretarle unas tuercas, y ya. ¡Loco o sinvergüenza, da lo mismo! En este punto todos estamos de acuerdo: ¡hay que hacer algo! De modo que hemos venido a verte con un encargo. Dicen que el muchacho aún puede tener arreglo. Si no hay cura, por lo menos que se componga un poco. Y a lo mejor todavía estamos a tiempo para hacer de él un hombre hecho y derecho. No vamos a reparar en gastos, ni en sacrificios. ¡Lo que haga falta! Y todo debe quedar en familia. Tenemos que hacer causa común en este momento difícil. María Eugenia tiene razón, tenemos que estar muy unidos. ¿¡Si no ahora, cuándo!? Naturalmente, Felipe, tú eres el médico, pero sobre todo el primo. Yo, a la verdad, que no creo en milagritos de ninguna clase. *"Árbol que nace torcido: jamás su tronco endereza"*. Lo único que no debemos perder es la esperanza. ¡Ay tía Dora, usted y su esperanza! Bueno, Felipe, tú dirás. Tú eres aquí la autoridad. ¡Eso, que no hay peor gestión que la que no se hace! Y luego cómo íbamos a perdonárnoslo si quedara por nosotros. ¡Bueno, bueno, déjenlo que hable de una vez! Habla, Felipe, que el asunto lo hemos puesto en tus manos.

Hubo entonces un gran silencio más allá de lo que podría ser el tiempo que dura una pausa o el de un largo bostezo, como si el consejo de familia se hubiese disuelto —al menos así se le antojaba a él, que espiaba encerrado en el ropero—. Sabía sin embargo que todos seguían allí, a la espera de lo que dijera el primo, que la reunión apenas estaba comenzando. Aguzó el oído pegándolo a la puerta para alcanzar lo que decía con una voz muy queda el psiquiatra, pero las palabras resultaron desesperadamente inaudibles desde su escondite. El trató de imaginarlas en la oscuridad del ropero, conformándolas a tono con la personalidad del primo, y con la eficaz ayuda de varios paneles de expertos (algunos psiquiatras, como él) vistos en la televisión, a espaldas o con el desconocimiento de sus familiares. Felipe articulaba seguramente —se dijo él—, *palabras-- sedas* que tenían aquel mismo refinamiento y consistencia del tejido cuando accidentalmente se frota, por eso, después de escuchar el prodigarse de las *palabras-lana* y de las *palabrasfranela*, y otras, de idénticos o parecidos atributos, las palabras del primo, que imaginaba suaves y ligeras, se le antojaron un alivio, un arropamiento casi que lo libraba de ir expuesto, o vestido de otras ropas indignantes y pesadas. De sedas se iba tapizando asimismo el interior del ropero con un lujoso atavío en el que de repente él sentía que le sería posible existir indefinidamente sin necesidad de salir a buscar aire y sol. Creía vivir ahora bajo la impresión creciente de que las paredes del ropero se ensanchaban para dar cabida a un universo de medios tonos donde los colores tamizados por filtros neutros llegaban dócilmente y se posaban con un suave aletear sobre los objetos que parecían aguardarlos al pie de una ventana, o junto al pedestal de un busto truncado. Ardorosamente vivía también entre las palabras-sedas que imaginaba oírle decir a Felipe, un romance que había de ser intenso, refinado, perdurable; y que estaba más allá de esas mismas palabras, para que el primo nunca llegara a sospecharlo.

"El aprendizaje de un rol sexual" —creyó oír de repente, como si alguien malignamente rasgara las sedas del ropero valiéndose de un puñal— *"está en dependencia de las normas y valoraciones éticas de la sociedad, y en consecuencia..."* Un corto circuito comenzaba a quemar de repente los bordes de las

palabras y las cosas. Un chisporroteo anunciaba la blancura absoluta aún por venir, el borrón albino que se impregnaría allí, pero él no lo sabía aún. Todavía concibió por un instante más el interior del ropero tapizado de sedas. Y de repente tuvo la visión de una película que se quema mientras es proyectada en una sala; de un fotograma o varios que arden, (más bien se derriten) frente a nuestros ojos, sin trascendencia o consecuencias para los espectadores, que a lo sumo expresan su contrariedad con silbidos o bostezos. Se queman los bordes de las sedas; el lujoso empapelado que recubre en su interior el ropero; las *palabras-sedas* también arden dejándolo sin palabras adecuadas, aproximadas tal vez, para expresar lo que se quema: la sofocación de las lanas y otros tejidos que a la vez lo restriegan, cubren, ocultan, amparan, abrigan, intentan apagar y alimentar el fuego en que arde como una hoja de papel sobre el brasero, brizna seca, quemada. Es de nuevo la voz de su primo, de nuevo las *palabras-sedas* del primo, (como si aquel tuviera una reserva inagotable de ellas). Son las *palabras-sedas* las que lo despiertan.

—Tranquilo! —dicen (—le están diciendo—) como si estuviera a su alcance comprender el significado de ésta o de cualquier palabra, como si no hubiesen ardido en él de repente todas las palabras posibles y sus significados—. ¡Tranquilo! ¡Lo peor ya ha pasado! ¡Tranquilo! Alcanza por fin ese pináculo al que súbitamente ha sido lanzado por las *palabras-sedas* y no bien lo alcanza se siente arrastrado, precipitado más bien hacia su opuesto en una carrera vertiginosa en la cual sus pies no deben ceder terreno por razón alguna, sino impulsarse y correr. Correr siempre sin parar, a una velocidad astronómica.

—Tranquilo! —dice la voz—. ¡El primero es el peor!

Mientras la enfermera intenta hacer que él tome el helado con ayuda de una cucharilla de mango muy largo, sus ojos están fijos en alguna parte, pero no ven el objeto en el que se posan. Lentamente, la frialdad del helado va llenando su boca de un frescor grato. Tiene la impresión de que esta frescura se originara allí mismo, que una vez dentro de su boca el líquido espeso que hay en ella comenzara a irradiar esta frialdad. Sus ojos ven por unos segundos, alcanzan a ver el objeto alargado que parece un termómetro, como si entraran en foco lentamente. Logran ver al fin, pero no hay referencias al otro extremo de ese objeto que alcanzan. Todavía no hay palabras que correspondan a ese objeto que parece otro objeto, para nombrar el cual habrá que esperar incluso un tiempo más largo.

—¡Aquí, Eloy! —dice ahora la enfermera sonriéndole.

El objeto que recuerda otro objeto sale de la mano que ahora también debe parecer un objeto, y se inserta en su boca. La sonrisa es asimismo un objeto, una pieza más entre las otras que componen el rostro. Una pintura cubista, animada ante sus ojos, adquiere la movilidad que a él le escamotean sus miembros.

—¡Poco a poco! —le dicen—. ¡Paciencia! ¡Ya estamos un poco mejor! ¿No es verdad?

Pero de nada han servido todos los esfuerzos... Ya lo decía yo que lo del muchacho no tenía arreglo. Bueno, pero al menos lo intentamos. Para mí que habría que llevarlo hasta La Habana. No pierdan su tiempo. Nació así, ¿qué se le va a hacer? ¡*"Así"*, no! ¡Nació *mariquita*! ¿Para qué andar con más cuentos? Después de todo no es ni el primero ni el último. ¡Ay, Dios mío, qué desgracia la que le ha caído a esta familia! Desgracia ninguna, hija, ahora somos una familia normal. ¿Y qué tiene que decir

Felipe del asunto? ¡A ver! Como decir: muy poco, que lo del muchacho no tiene cura. ¿Se trata acaso de un problema glandular? ¡Pues que le pongan todas las hormonas que hagan falta, ¡y se acabó! Parece que las cosas son más complicadas. Si el muchacho no coopera con el tratamiento... Pues que le den cuántos electroshocks haya que darle, ¿no? ¡Total! ¡Ya van nueve! Así es que unos cuántos más no importa. El problema es que el muchacho no da señas de mejoría, Felipe tiene miedo de que se vaya a convertir en un vegetal. ¡Mejor fósil que maricón! ¡Eso está claro! ¡Ave María, por Dios, Romario, que es tu propia sangre! Por eso lo digo. Mejor se lo entregamos al estado, como recomienda Felipe. ¡Que ellos se hagan cargo de atenderlo! ¿Pero no es eso precisamente lo que hemos hecho ya? ¡Vamos, mujer, no llores por eso! ¡Es lo mejor para él! ¡Allí tienen todos los recursos! ¡Por lo menos no andará por ahí como esos otros! O preso, que es peor! ¡Una vergüenza para la familia!

De ahora en adelante —se dice, mientras salta la cerca que lo separa de este mundo— no estará obligado a oír por más tiempo las *palabras-lana*, que persisten más allá de los arrullos de las *palabras-seda*, y sus consecuencias. Y al encontrarse al fin del otro lado alcanza a ver como arde una vez más el tapizado del interior del ropero, pero esta vez sus llamas no lo atrapan. Se siente libre, aunque de momento aún no llegue a tener comprensión cabal de ello.

—¡Eloy! ¡Eloy! —oye que lo llaman por entre el gentío sobre el que sin proponérselo ha venido a caer.

Al otro lado de la cerca, esa parte del mundo de donde él y todos los demás proceden, comienzan a escucharse también gritos. Por un instante se confunden los gritos que proceden de ambos lados de la cerca.

—¡Escoria! ¡Escoria! ¡Eloy! ¡Eloy! ¡Maricones! ¡Eloy! ¡Váyanse a darle el culo a los imperialistas! ¡Vendidos! ¡Eloy! ¡Despierta, Eloy! ¡Vamos, Eloy, despierta! ¿Qué has tomado? ¡Traidores! ¡Salta, Eloy, salta! ¡Rápido! ¡Rápido!

Luego los gritos van desvaneciéndose muy rápido y él sabe que es finalmente libre, a medida que se adentra en el interior de un ropero negro, del cual ya nadie podrá sacarlo.

The Affliction

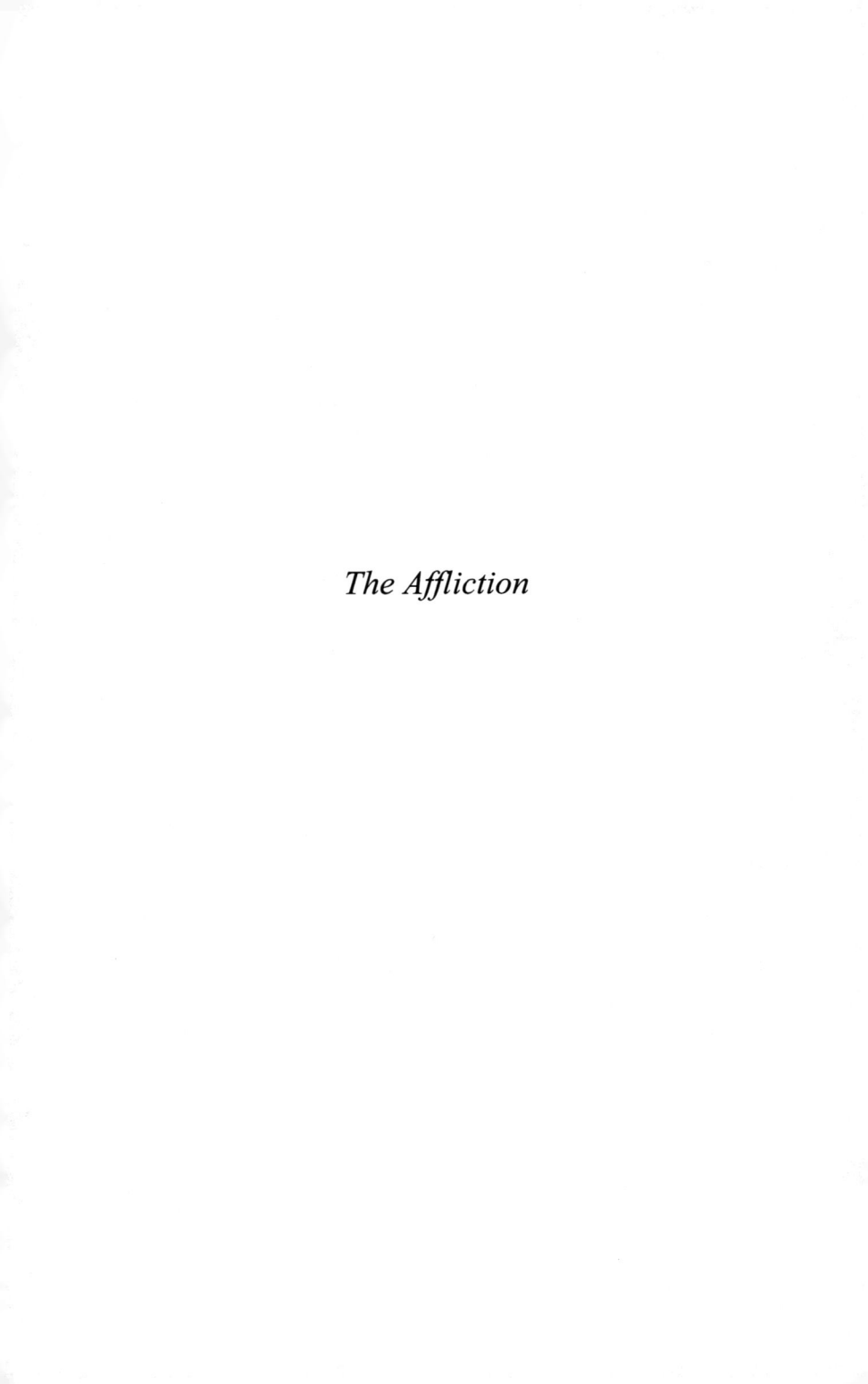

It was all the fault of the French lessons, the Latin teacher and his Aunt Laura (may she rest in peace!) with her damn finery, her player piano, her flan custard and her teatime. That's what it was! Aunt Laura (God bless her!) was an eccentric who lived in another world. In another century, is what you really mean! It was his mother's fault. She's the one who left him before his second birthday, to go traipse around the world. There's no one to blame but the father who sired him and left him to God's fate with the aunt, who, although she was a good woman, when all is said and done was nothing more than a woman and could do nothing more than teach him things meant for a woman. It may have been God's fault, or the devil's fault; who can say? And anyway, where is trying to know that going to get us? That's what I say. The way I see it is, you can't pin the blame on anybody or anything; it's the destiny that falls to each of us. But Uncle, it's got to be somebody's fault. Somebody's to blame for everything that happened, and what I say is that that somebody is the boy himself, who right away got it into his head to serve tea when company comes, measure out the number of teaspoons of sugar, recite Latin poetry and play French minuets on the player piano. (What wagging tongues say, my own excluded, is that his Aunt Laura kept him in long, curly hair and sandals all the way up to his ninth birthday.) He's damaged beyond repair! Can you imagine the heavy cross that poor boy has had to bear? If you're born a man, you're meant to act like one. I really can't vouch for the boy because I'd say his problem has something to do with heredity... You'd have to ask into his mother's side of the family, because there's never been anything like this on our side until now. I'd say there's no way out of the situation, there's nothing you can do anymore; the best thing is to forget it. Did you say forget it? But how can you forget it? Do you think that by some miracle people are going to forget about us and leave us alone for even a minute? Nobody's perfect, that's my motto. We'd be well advised to follow that, no? That kind of problem, Uncle Manuel, is called disgraceful in my book. What's wrong with the boy is that his head's got a couple screws loose. Tighten 'em up, and that's that. Whether he's crazy or whether he's a disgrace, it's all the same. There's one thing that we all agree on and that is that something has to be done! That's why we've all come to see you. They say that there might still be something to do for the boy. If there's no cure, maybe at least help him to be a little more normal. Probably we're still in time to make a full-fledged man out of him. We don't care, whatever it costs in money and sacrifice, and whatever needs to be done! But everything has to stay within the family. We all have to act together at this difficult time. María Eugenia is right; everybody's got to pitch in. If not now, when!? Naturally, Felipe, you being a doctor, but more than that, you're also his cousin. Me, to tell you the truth, I'm not one to believe in any kind of miracle. "You let a tree grow up bent, it stays bent." The one thing we can't lose is our hope. Oh, Aunt Dora, you and your hope! OK Felipe, say the word... You're the authority here. Exactly, the worse thing we could do is to do nothing! And how would we ever forgive ourselves afterwards if we left things up to the boy? Whatever, OK, let him get a word in, for cryin' out loud. Speak up, Felipe, the whole thing's in your hands now.

Then there was a long silence, lasting beyond what could be expected for a usual pause or a hearty yawn, as if the family meeting had disappeared into thin air, or so it seemed to the boy, who peeked out on the scene from his hideout in the closet. He knew, however, that they were all still there, waiting for what his cousin had to say, and that their conference had just begun. He cupped his ear against the closet door to try to make out what the muffled voice of the psychiatrist was saying, but the distance of his hiding place kept the words desperately inaudible. In the darkness of the closet he tried to imagine them, molding them to match the personality of his cousin, using as help the panels of experts (some of them psychiatrists, like Felipe) he had seen on various television programs while watching on the sly without his relatives knowing. Clearly, he thought, Felipe would express himself in *silken* words that had the same fineness and consistency as the material when you accidentally brushed up against it, that is why after having heard the outburst of so many *woolen* words, *flannel* words, and other words of identical or similar ilk; his cousin's words, which he imagined as soft and fine, seemed a relief to him, almost a swaddling that would free him from living exposed or dressed in any other clothes of coarse or irritating fabric. He went on lining the inside of his closet hideaway with a luxurious getup in which he felt it would be possible for him to survive indefinitely, with no need to venture out for any air or sun. He seemed to experience the growing impression that the walls of the closet were enlarging to allow enough space for a universe of half-tones where colors, having passed through neutral filters, glided down to gently settle over objects that seemed to be waiting for them in front of a window or at the pedestal of a sculptured bust. He also experienced a passionate existence amidst *silken* words that he heard himself uttering to Felipe, a romance that had to be intense, refined, and everlasting; and that resided beyond those same words, so that his cousin would never come to suspect it.

"The learning of a sexual role," he thought he suddenly heard, as if someone had taken a dagger and maliciously slashed the silk fabric of his closet, "depends on the norms and ethical values of society, consequently…"

A short circuit abruptly singed the edges of the words, of everything. A streak of sparks announced the absolute whiteness yet to come, the albino blotch that would fix it there, but he was not aware of this yet. For a brief instant he could still perceive the inside of his silk-lined closet. Suddenly he imagined the image of a film catching fire in the middle of being projected in a movie theater, one or several frames that burn (melt, really) in front of one's eyes, with little significance or consequence for the other members of the audience and the most they care to do to express their annoyance is whistle or let out a loud yawn. The edges of the silk material catch fire, that luxurious fabric wallpaper that lines the inside of the closet; the *silken* words burn up also, depriving him of adequate speech, even approximate words to express the very thing that is catching fire; he feels suffocated by the wools and other fabrics that simultaneously scratch him, cover, hide, shelter and protect him, while they attempt to extinguish the fire, but instead feed the flames within which he burns like a sheet of paper in a fireplace, like a dry chip of wood, completely consumed.

Again there is the voice of his cousin, once more the cousin's *silken* words, (as if Felipe had an inexhaustible reserve of them.) These *silken* words are the ones that awake him.

"Easy, now," they say (they are telling him) as if it were within his power to comprehend what these words or what any words meant, as if the meaning of all possible words and the words themselves had not just burned up within him. "Take it easy! The worst is over! Easy, now!"

No sooner does he reach that pinnacle to which he was propelled by the *silken* words than he feels himself dragged, dropped more accurately, toward its opposite, in a lightning-fast race in which his feet dare not give up any ground for whatever reason. They must drive him forward, running, and keep him running at an astronomical speed, without ever stopping.

"Take it easy!" The voice says, "The first one is always the worst!"

While the nurse uses a long-handled spoon to try to coax him to eat some ice cream, his eyes stare outward but fail to see the object they happen on. Little by little, the ice cream's cold begins to fill his mouth with a pleasing freshness. He has the impression that this coolness originates right there, and that once inside his mouth the creamy liquid within it will start to radiate this cold. For several seconds his eyes perceive and as if slowly regaining their focus, manage to look at the object, which seems to be a thermometer extended toward him. At last they are able to see but there is no point of reference at the other end of that object they have reached. There are still no words that correspond to that object that seems to be another object, and the naming of it will have to wait even longer.

"Here you are, Eloy," says the nurse smiling at him now.

The object that brings to mind another object leaves the hand that now must also seem to be an object, and is inserted into his mouth. The smile is itself an object, one piece among others that makes up the face.

A Cubist painting, whose limbs have acquired the very coordination that was snatched away from him, comes to life before his eyes. "One step at a time," the pieces of the puzzle tell him. "Be patient! We're already a little bit better, aren't we?"

But all our efforts haven't amounted to anything… I've been telling you from the very start that the boy's problem couldn't be fixed. OK, but at least we gave it a try. I say we'll have to take him to Havana. Don't waste your time, all of you. He was born that way, what else can you turn him into? "That way" is an understatement! He was born a *queer*, so why try to call it anything else? When all is said and done, he wasn't the first and he sure won't be the last. Oh heavens, what disgraceful curse has befallen this family! It's no disgrace at all, dear, now we're just another normal family. And what does Felipe have to say about all this? Yes, what exactly! As far as what to say, not very much, just that the boy's problem can't be cured. Could it maybe have something to do with a glandular problem? If that's it, then let them inject him with all the hormones he needs and be done with it! It seems that things are a little bit more complicated. If the boy doesn't cooperate with the treatment… Then let them give him all the electroshocks he needs, isn't that right? The works! They've already given him nine! That means that a couple more aren't going to matter. The problem is that the boy doesn't show any signs of getting better. Felipe is afraid that he is going to turn into a vegetable. Better a fossil than a faggot! That's for darn sure! For the love of God, Romario, he's your own flesh and blood! That's just why I said it! It would be better if we hand him over to the state like Felipe suggests. Let them be the ones to take care of him! But isn't that what we've already done? Come on now, woman, don't cry over it! It's the best thing for him. There they have everything at their disposal. At least he won't be swishing around here like the other ones! Or in jail, which is worse. A disgrace to the family!

From now on, he tells himself as he jumps the fence that separates him from this world, he will no longer be obligated to hear the *woolen* words that persist beyond the lulling of the *silken* words and their repercussions. And upon finding himself at last on the other side, he manages to see yet again how the fabric-lined interior of the closet burns, but this time its flames do not engulf him. He feels free, although he is not yet completely conscious of the fact.

"Eloy! Eloy!," he hears them calling to him from the mob of people he has fallen over without intending to.

He also hears shouts coming from the other side of the fence, that part of the world where he and all the others came from. For a moment the shouts that originate on both sides of the fence intermingle.

"You scum! You garbage! Eloy! Eloy! You queers! Eloy! Go and offer your asses to the imperialists! You sell outs! Eloy! Wake up, Eloy! Come on, Eloy, wake up! What did you take? You traitors! Jump, Eloy, jump! Hurry up!"

Later the shouts grow rapidly fainter and he knows that he is finally free, as he enters the interior of a black closet from which no one will ever be able to retrieve him.

Re-encuentro

No sé a qué conclusiones habrás llegado tú —me dije, conteniéndome a duras penas para no echarle en cara de algún modo nuestra suerte— pero lo que soy yo, sé muy bien a qué atenerme. No le dije nada de esto, sin embargo, porque me dio lástima. Después de todo, qué iba a remediar con provocarlo. (Ahora sí que éramos iguales, o lo que era peor, estábamos montados en el mismo barco. ¡Embarcados, y sin rumbo alguno!). ¿Para qué ensañarse? En momentos como éste es que se acuerda uno de esas cosas aprendidas en la niñez, como aquélla que decía mi madre con una convicción desconcertante:

—¡Del palo caído, no hacer leña!

Por primera vez comenzaba a tener sentido para mí una idea tan presuntamente descabellada. Pensando en ella, en mi madre, se me aguaron los ojos, y no hice nada, absolutamente nada para impedirlo, o para evitar que él me viera.

—¡Vamos, chico, no te pongas así! —dijo, él que unos segundos atrás no había podido con el mundo—. Mientras que hay vida, hay esperanza

De algún modo, esta frase gastada volvía a sonar convincente a mis oídos.

—Pensaba en mi madre —le dije, un poco para explicarme, pero sobre todo para compartir con él la quemadura atroz que me abrasaba la garganta. Supe que él también la sentía cuando me abrazó, inesperadamente, obedeciendo a un impulso que se sobreponía a todo lo que él era, es decir, a lo que había sido. Sus labios también se apretaron con torpeza contra mi frente, y fueron aprendiendo de esa misma torpeza un modo casi dulce de besar, sin palabras.

—Uno comete muchos errores en la vida —dijo luego como si quisiera disculparse por ellos—. Algunos se pagan más caros que otros.

Pensé que ahora hablaba de lo que me había contado, de su pasión por las faldas.

—De eso no te arrepientas. En todo caso, de haber hecho sufrir a alguien que te amó.

—Pensaba en otra cosa —dijo—. ¡Pensaba!

Esperaba oírlo arrepentirse de su incontinencia sexual durante el curso de la guerra; maldecir como hacían otros la falta de sus mujeres que los había puesto en la encrucijada en que se hallaban, pero él no quería ser hipócrita ni se engañaba de aquel modo.

—Las vueltas que da el mundo.

Comprendí entonces que se estaba refiriendo a nosotros y a la manera, en verdad extraña, como se habían cruzado nuestros destinos en dos momentos diferentes y significativos de nuestras vidas: antes, y *ahora*.

—Podrías odiarme —dijo sin convicción.

—¿Y qué te hace pensar lo contrario? —dije a mi vez, sintiendo un poco de odio por él, por su vulnerabilidad de ahora.

—Te reconocí enseguida. Bueno, casi enseguida. A pesar del tiempo y del nombre.

Así había sido, en efecto, y debo confesarme que ello me produjo un inmenso regocijo, la sensación inexplicable de haber dejado una huella en él.

—A pesar de que ahora sí que no hay de donde sacar una peluca —dije pasándome una mano por la cabeza pelona.

—Tampoco antes —dijo—. Pero ustedes se las inventaban. No sé cómo lo hacían.

La voz pareció apagarse súbitamente.

—Por medio de los guardias, querido. Tú sabes, o debías saber, que había muchos que *entendían*, a pesar de toda la fiereza aquélla.

Me dije que yo en cambio no lo recordaba de

entonces. No podía recordar nada de él que me devolviera su imagen.
—¿Por qué no te fuiste? —volvió a decir, haciéndome un reproche.
Lo miré sorprendido, sin saber exactamente lo qué preguntaba.
—Cuando el Mariel.
—¡Ah! —dije—. ¡Muchas cosas! *Son muchos los llamados, pero pocos los elegidos, querido.* ¡No podía irme sin mi madre! Unas amigas me escondieron en su casa. Si me voy, no sé de qué se hubiera muerto ella primero, si de pena o de todo lo demás.
—¡Cómo ha pasado el tiempo! —insistió nuevamente en aquella idea fija que era su hablar oblicuo de la muerte—. Éramos tan jóvenes entonces. Yo acababa de cumplir quince años.
Me di cuenta de que hablaba nuevamente de nuestro otro encuentro, del UMAP.
—¿Te acuerdas de la Neri? —dije para volver las cosas a un plano más vital.
Sus ojos se iluminaron entonces con un chispazo antes de apagarse nuevamente.
—El chiquito que mataron...
La confesión me tomó de sorpresa lo mismo que a él. Sabía de la muerte de la Neri, pero nunca se dijo nada parecido a un crimen; todo el mundo sabía que el suicidio había tenido como causa el abandono de su hombre, un guardia al que la noche antes todavía había podido tener entre sus brazos. El suicidio provocó una especie de sacudida entre nosotros (de histeria, diría la guarnición) porque a la Neri nadie le hubiera atribuido capacidad para una pasión tan envolvente y aniquiladora.
—Tenía un verdadero atelier en las mismas narices de los oficiales —continué diciendo, sin prestar atención a sus palabras, desentendiéndome de aquella confesión

que acaso él estuviera queriendo hacerme. Ya sin curiosidad, ni morbo alguno—. ¡Aún no puedo explicarme cómo no se lo encontraban todo! Bueno sí, alguna vez le encontraron cosas: una pamela, unos guantes de cabritilla, una sombrilla con encajes... ¡*Un quitasol* hubiera dicho *ella*!

—Por eso fue que lo castigamos —dijo ahora entornando ligeramente los ojos, no sé muy bien si avergonzándose de lo ocurrido, o de haberse incluido entre los castigadores.

—¡Los golpes eran lo de menos! —dije sin convicción. Por decir algo que le impidiera proseguir por aquella ruta de las palabras dichas con tardanza—. A nosotros casi no nos pegaban, a menos que hiciéramos algo, claro.

—Pero a la Neri, sí que le pegaban, y la castigaban por todo. Al teniente Saldría le supuraba constantemente una llaga de rencor que llevaba por dentro, y que la sola vista de la Neri conseguía lastimarle.

—¡Qué maricona tan fabulosa! Ni antes ni después he conocido a nadie como *ella*. Yo no soy envidiosa como otras, ¿sabes? Al que Dios se lo dio, San Pedro se lo confirme, y el firmamento entero apruebe. Sin haber sido amigas ni nada de eso, me alegro de haberla conocido, aunque para eso hubiéramos tenido que pasar por todo aquello, y lo que vino después y no se acaba.

—Tú no sabes —intentó decir, reclinándose sobre la cama como si de repente lo abandonaran las fuerzas—. Es algo que quiero decirte. —La voz parecía abandonarlo por momentos—. Lo de ese chiquito fue un verdadero crimen.

No pensé en este momento en reprocharle su silencio, su complicidad, como había estado tentado de hacerlo un minuto antes: pedirle cuentas de algún modo. ¿Cómo era posible que ahora viniera a confesar un crimen como aquél sólo por casualidad, cuando ya no era bueno ni acordarse siquiera de él? Pero no lo hice. ¿Para qué? El que yacía delante de mí era un hombre moribundo, que se aferraba a mi mano hasta producirme dolor. Alguien, a quien yo no conseguía recordar con precisión, pero el cual se había aferrado desde el principio a esa memoria anterior a mi mano a la que él se había asido con descarnada desesperación.

—¡Descansa, vamos! ¡Descansa ya ...! —dije, (le dije o me dije) aprendiendo con él a morir yo mismo, después —muy pronto quizás; enseñándome—. Descansa, mi niño. ¡Descansa ya!

Reunion

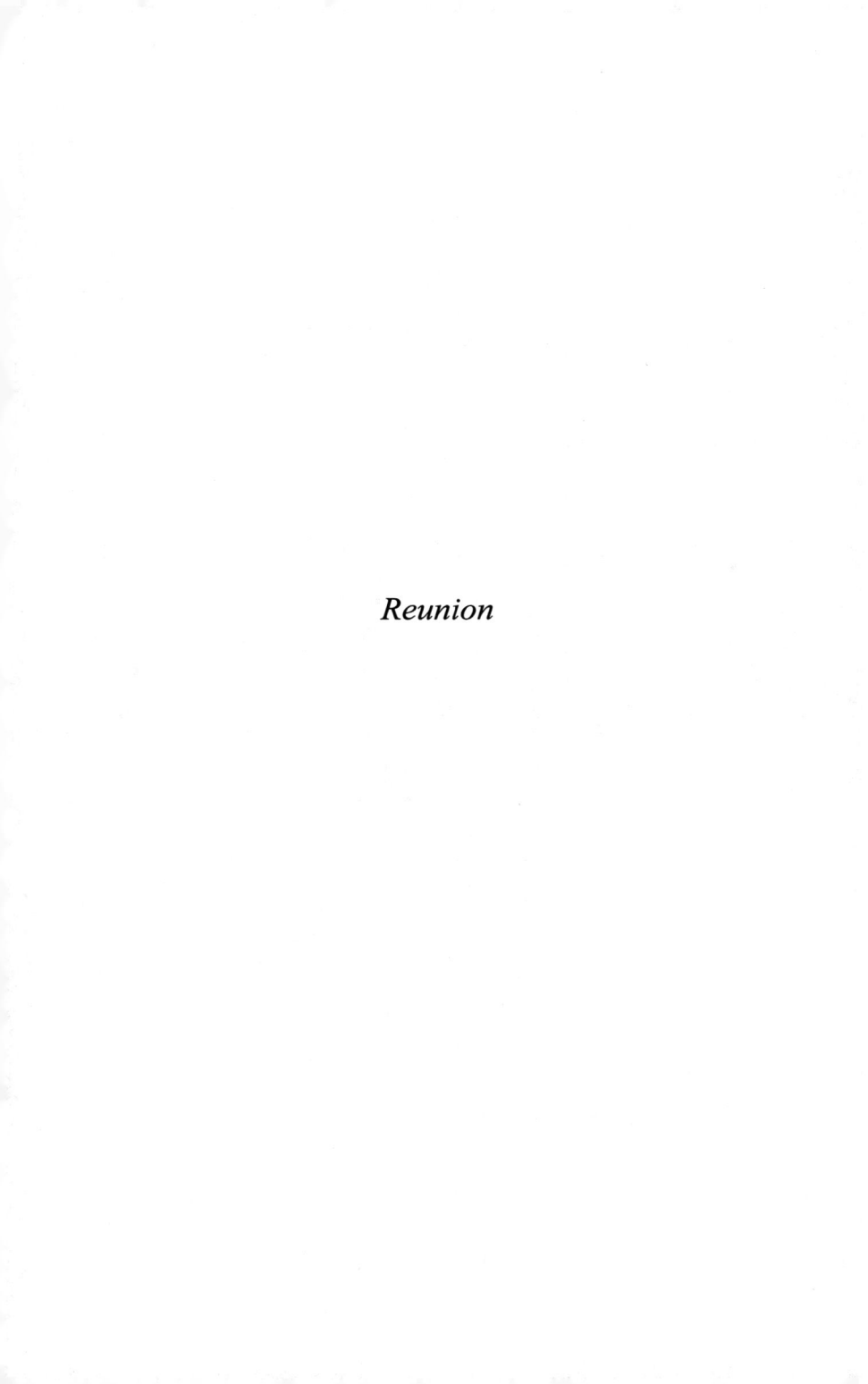

I don't know what conclusions you may have come to," I said under my breath, barely restraining myself from pinning all the blame of our predicament on him, "but I am who I am, and I know just where I stand." I didn't say any of this out loud, however, because I felt sorry for him. In the end, what is to be gained by provoking an argument? (Especially now that we were in the same predicament, both in the same boat as it were; stuck on a voyage bound for nowhere!) Why get all riled up? At moments like this you remember things you learned as a kid, like the phrase my mother used to say with such disconcerting conviction.

"Don't kick someone while he's down!"

For the first time, such a seemingly straightforward idea began to make special sense to me. Thinking about her, my mother, made my eyes start to tear, and I did nothing at all to stop it or to try to hide it from him.

"It's OK, buddy," he said, "there's no need to get all choked up!" – this coming from the same person who just a moment ago was on the verge of not being able to cope with the world any more. "As long as there is life, there's hope…"

Somehow, this worn-out phrase sounded convincing to my ears again.

"I was thinking about my mother," I told him, partly to explain myself, but mostly to share with him the horrendous burning sensation in my throat. I could tell he was feeling it too when he embraced me unexpectedly, obeying an impulse that overrode everything that he was, or rather, that he had been. His lips were clumsily pressed against my forehead, and through this same clumsiness were wordlessly learning an almost sweet way of kissing.

"A guy can make a lot of mistakes in his life," he said afterward, as if trying to excuse himself. "Some are more costly than others."

I thought he was speaking about what he had told me in regard to being such a womanizer.

"Don't have regrets about that. As long as you didn't make a loved one suffer."

"I was thinking about something else," he said. "I was thinking!"

I expected him to mention how much he regretted his sexual infidelities during this war[19] or to hear him curse how hard it was for all the men to handle the difficult situation that missing their wives placed them in, but he didn't want to be hypocritical or deceive himself like that.

"What strange turns the world does take."

Then I understood that he was referring to us and the, indeed, peculiar way our two destinies had crossed paths at two different and significant moments of our lives, years ago and again, right now.

"You really should hate me," he said unconvincingly.

"And what makes you think that I don't?" I replied, feeling a touch of hatred toward him because of his current vulnerability.

"I recognized you right away. Well, almost right away. Despite all those years and the different name."

So that is how it had been after all. I had to admit that it stroked my ego; I felt an inexplicable sensation of having left my mark on him.

---

[19] The civil war in Angola, to which Castro committed much Cuban manpower and resources.

"And in spite of the fact that there's absolutely nowhere to get a wig around here," I said, rubbing my hand across my completely hairless head.

"It wasn't possible before, either," he said. "But you guys managed to create them. I have no idea how you did it."

"With the help of the guards, sweetheart. You know, or should have known, there were scads of them that were 'that way,' despite their ferocity toward us."

I realized that I couldn't remember what he was like back then. Nothing about him came back to me to remind me what he had looked like.

"Why didn't you leave?" He asked, speaking up with a tone of reproach.

I looked at him with surprise, not knowing exactly what he was asking.

"When Mariel[20] happened."

"Oh, right!" I replied. "There were a bunch of reasons! *Many are called but few are chosen,* sweetheart. But seriously, I couldn't leave my mother behind. Some women friends let me hide out in their home. Had I left, I don't know which she would have died from sooner, sorrow or from all the other things."

"How time flies!" He insisted again, in that fixed idea that was his way of indirectly referring to death. "We were so young. I must have just turned fifteen."

I noticed that he was again talking about our other encounter, the time in the UMAP[21].

"Do you remember Neri?" I asked, trying to keep our conversation a bit more upbeat.

---

[20] The 1980 exodus from the port of Mariel of thousands of Cubans to the US seeking political asylum granted by the Carter administration.

[21] Internment camps created by the Castro regime in the mid 1960's, to which "social undesirables" were sent.

A brief sparkle came to his eyes.

"You mean the little guy they killed..."

The confession caught me as much by surprise as it did him. I had known about Neri's death, but nothing was ever said about it being anything like a crime; everybody knew his lover's abandoning him had caused his suicide; the very night before his death he had been able to hold the man, one of the guards, in his arms. The suicide sent shock waves through our group (of hysteria, the guards would have said) because nobody had thought Neri capable of a passion so consuming and destructive.

"He had a veritable women's lingerie department right in front of the guard's noses," I continued, not paying attention to his words and pretending to be unaware of his wanting to confess to me. No longer curious and trying to avoid the morbid I added, "I still can't figure out how they never caught him with the stuff! OK, once they found a couple things, a woman's sun hat, a pair of kidskin gloves, a lace umbrella... *A parasol*, she would have called it."

"That's why we punished him," he said, now closing his eyes slightly. I wasn't certain whether out of embarrassment over what had happened, or for having been on the side of the punishers.

"Getting hit by the guards was no big deal for us," I said with conviction. And just to say something that might prevent him from continuing the same train of thought of his delayed words, I added, "they hardly ever struck us unless, of course, we did something."

"But Neri, they sure beat up on her. They punished her for anything. Lieutenant Saldría had such a festering sore of hatred inside of him that the mere sight of Neri would make him lash out at her."

"She was one incredibly tough queen! I've never come across anyone quite like her. I'm not a jealous girl like some others; I'll have you know. I have my own inborn, god given gifts, signed and sealed by the saints and heaven. I was never a close friend of hers or anything like that, but I'm pleased to have met her, even though that meant we were put through all that and what came afterwards, and still seems never-ending."

"Something you should know," he strained to say, lying back on his bed as if his strength had suddenly given out on him. "There's something I want to tell you."

His voice seemed to leave him for a moment.

"What really happened was that kid was murdered."

At this point I wasn't thinking of reproaching him for his silence, his complicity, as I had been tempted to do just moments earlier. I had wanted to hold him accountable somehow; ask him how it was possible that out of the clear blue he would confess a crime like that when the best thing to do was forget all about it. But I did none of this. What good could possibly come of it? Before me lay a moribund man who clutched my hand in his so tightly it was painful. Here was someone whose face I still couldn't place exactly, but who from the very beginning had latched onto a memory as tightly as to my hand and to which he clung with agonizing desperation.

"Just try to relax now. Find some rest," I urged, (to him as well as to myself) learning along with him, how to die (very soon, perhaps) teaching myself. "Rest now, my darling, it's time to rest."

Repudio

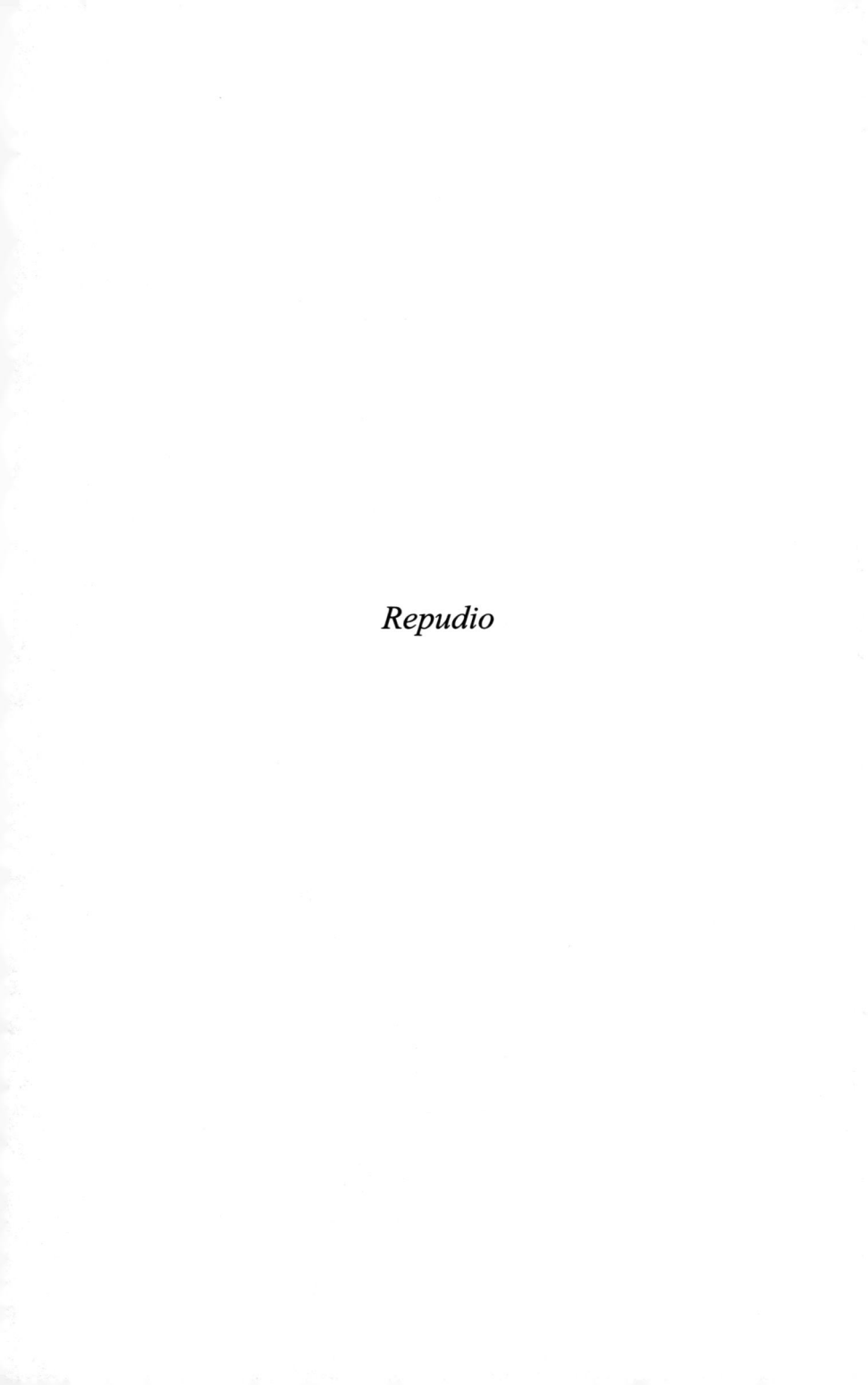

Yo nada más quiero que me digan, doctor, cuánta de esta gente sabía ayer mismo el significado de esa palabra que hoy no se quitan de los labios. (Y no vaya a creer usted que ninguno de ellos se ha tomado la molestia de buscarla en un diccionario o de preguntarle al otro por ella. ¡Ni pensarlo! Aquí todo se repite como los papagayos. Mientras menos enterados mejor). Esto, se lo digo a usted por la confianza que me merece, doctor, y por los muchos años que hace que nos conocemos, que si no, reviento. A decir verdad, no creo que este dolor en el pecho tenga nada que ver con el corazón ni con nada. Estoy segura de que a mi corazón ni le sobra ni le falta nada. El mío, doctor, es un corazón probado. Eso, quién otro iba a saberlo mejor que usted. Pero esto ya no hay quien pueda tolerarlo. No hay cómo soportar que le sitien a una la casa día y noche y que le arrojen mierda a la puerta de la casa, y que le llenen a una la casa de letreros: *"Aquí vive una contrarrevolucionaria hija de perra"*; *"Qué se vaya la escoria"* y no sé cuántas otras vilezas por el estilo, sin que pueda una hacer nada, decir nada para defenderse.

Usted no sabe, doctor, cuánto le agradezco esta visita. Yo no he perdido del todo mi fe en la dignidad de la gente, pero estos días han sido de verdadera prueba. Y esta visita suya me confirma en mi esperanza. A usted no tengo que decirle a lo que se expone viniendo a verme. Y no crea que por ser revolucionario de verdad, van a tenerle ningún respeto. Al contrario, doctor, usted es de los que más los amenaza. Cuídese, doctor. Gente como usted es la única que a la larga puede salvar este país. Procure salir por el fondo de la casa, ahora que ésos se han ido a otra parte con su infamia, y posiblemente no regresen enseguida. Están muy ocupados yendo de un lugar a otro. Como usted sabe, en estos días apenas si se trabaja. (Pero la culpa de todo es del gobierno que obliga a la gente a participar de semejante farsa). Usted perdone, doctor, que le hable así. Yo sé que usted piensa distinto, aunque haya venido a verme. Pero si no es con usted con quién otro iba a atreverme. Mire usted, fíjese cómo lo han dejado todo. Un verdadero destrozo. Aquí me quedé cuando se fueron todos mis hijos para cuidar de mi casa hasta el último momento. Aquí he vivido sola todos estos años, aferrándome a mis mejores y a mis peores recuerdos. Aquí he pasado buenos y malos años, aquí he sido joven y aquí dejé de serlo, como antes que yo envejecieron mis padres bajo el mismo techo. Aquí está toda mi historia y parte de la de mi familia pasada y presente. Aquí me quedé porque aquí estaba mi patria. Abandoné a mis hijos que se marchaban porque ellos eran muy jóvenes y podían vivir lejos sin recuerdos, pero yo no hubiera podido dar un paso sin los míos.

Alguien dio la falsa alarma de que me iría. Seguramente querían quedarse con la casa y estaban ya cansados de esperar a que me muriera. Lo único que no se ha desperdiciado aquí en estos veinte años es la ocasión. El resto, usted ya lo sabe. Pero ahora han cambiado de lema. *Las propiedades no se tocan.* Son *del pueblo.* Para mí, doctor, ya ésta es como si hubiera dejado de ser mi casa. Es como una pesadilla de la que me despierto dentro de otra pesadilla. Estoy desnuda en plena calle y siento tal vergüenza que no puedo abrir los ojos. Delante están mis padres, mi marido, que Dios ilumine, y mis hijos pequeños. Todos están muertos, pero me miran con los ojos muy abiertos que parecen ser la única cosa viva en sus rostros. Va a ser muy difícil reconstruir nada sobre esta desolación. Las grietas están en la base y esto tarde o temprano se viene al suelo sin remedio. ¡Qué odio tan inútil, doctor! ¿Sabe usted?, casi todos eran gente mayor, jóvenes todavía, pero ya mayores; gente avejentada. Y los menos entusiastas del grupo eran los más jóvenes. Los más agresivos constituían una minoría dentro de la masa. Eran la levadura, pero esa falta de homogeneidad ya es esperanzadora. Yo estaba al frente, como en escena, y no me dejaban entrar a mi propia casa. Yo me aferraba a las llaves como a mi salvación. Por un instante tuve mucho miedo de morir apedreada como un perro rabioso, delante de la casa. Y de repente me volví a la multitud, ya dispuesta a enfrentarme a la muerte con toda la dignidad de que uno puede ser capaz en un momento así. Vi muchos rostros graves y avergonzados. Y le aseguro a usted que había ojos llenos de lágrimas. La primera piedra me golpeó en el pecho haciéndome perder el equilibrio. Este golpe me lo produje al caer. Y éste, posiblemente también. En el suelo me asaltaron algunos y la emprendieron a patadas conmigo mientras invitaban a la multitud a hacer lo mismo. En ese instante se oyeron voces que intercedían por mi:

—¡Es una pobre señora, por favor!

—¡Es una viejita!

—Un momento! ¡Somos revolucionarios, no criminales! —se atrevió a decir alguien—. El corazón me dio un vuelco, pero no fue solo de miedo, doctor, se lo juro. Ya casi no tenía miedo, a pesar del dolor. (Por eso le digo que tengo un corazón a prueba). Era de la alegría. Yo no sé de dónde sacaron algunos ese coraje, pero a ellos les debo más que la vida, doctor, a ellos como a usted les debo las ganas de seguir viviendo a pesar de mis años, y la fe. No, de aquí, no salgo a ninguna parte. Aún no estoy de hospital, gracias a Dios. Estoy bien. ¿Cómo quería usted que estuviera, doctor? Un poco magullada, eso sí, sobre todo la dignidad. Una fractura del codo derecho y estas contusiones que Dios mediante no habrán de llevarme a la tumba mañana. Tengo setenta y nueve años cumplidos y me hallo en perfecto uso de mi razón. Todo cuanto quiero es vivir en paz los años que me quedan y al menos aquí, sé que eso no sería ya posible, por eso yo también he decidido irme. A la verdad, no sé siquiera si es razonable o no aspirar a eso a mis años y en otro país. Mis hijos insisten en llevarme a España donde dicen que me sentiría como en mi propia casa. ¿Usted se da cuenta de lo que le digo, doctor? A lo mejor es cierto lo que dicen que unos años los pasa el sapo debajo de una piedra sin sentirlos. Ellos insisten en que otra oportunidad como ésta no va a repetirse. Así es que, después de lo que pasó he decidido reunirme con mis hijos cuánto antes. Y aquí estoy, esperando a que el gobierno autorice mi salida. No se preocupe más, doctor, ya no sé cómo decírselo a usted, que mi corazón es de los que ya no vienen, y que aguanta todavía porque lo hicieron a prueba de balas, y de penas.

Renouncement

The one thing I'd like somebody to tell me, doctor, is how many of these people who just yesterday didn't know the meaning of that word; today, can't seem to keep from repeating it. (And don't try to tell me that a single one of them has bothered to look it up in the dictionary or ask somebody else. Not a chance! Around here, everybody just parrots the next person. The less informed you are, the better.) Anything I say to you now is in the strictest confidence, doctor, I'm telling you because we have known each other for so long, and because if I don't at least tell someone, I might just burst apart at the seams. To tell you the truth, I don't think this pain in my chest has anything to do with my heart, or with anything else for that matter. I'm sure my heart is just fine. This heart of mine, doctor, has been through every kind of test. Who else would understand that better than you? But this ordeal is something no one could survive. A person like me can't put up with having her house besieged day and night by people throwing feces at the front door and spray painting the outside walls with slogans like, "Here lives a disgusting counterrevolutionary bitch," or "Away with all scum," and I don't know how many other vile things, and not be able to do or say anything in her own defense.

Doctor, you don't know how much I appreciate this visit. I haven't completely lost my faith in the dignity of mankind but these past few days have really been a supreme test. And this visit of yours restores my hope. I don't have to tell you the risk you are taking by coming to see me. And don't think that by being a true revolutionary in this instance, the others will respect you more. Quite the opposite, doctor, by doing this you are an even greater threat to them, so be very careful. People like you are the only ones who will be able to save this country in the long run. Make sure you take the back way out, now that they have taken their wickedness elsewhere and probably won't return for some time. They'll be busy at other places for a while yet. As you know, hardly anybody does any real work these days. (But that's really the government's fault for forcing everyone to participate in such a farce.) Please forgive me, doctor, for talking to you like this. I know you think differently even though you stopped by to see me. But who else would I dare to speak with like this, except you?

Just look at how they left everything. A complete shambles! After all my children left the country I remained here to look after my house to the very end. Here I have lived alone all these years, clinging to my fondest memories as well as my most dreaded ones. This is where I have spent many good years as well as many bad ones, where I lived out my youth and where my youth ended, just as my parents before me grew old under this very same roof. All my life history is here as well as a large part of the history of my family, past and present. I stayed right here because this was my country. I set my children free when they left because they were young and could live far away without the burden of memories, but the weight of mine made me stay put.

Someone sounded a "false alarm" that I was leaving. They obviously wanted to get their hands on the house and were tired of waiting for me to die. About the only thing that hasn't been squandered around here for the past twenty years is the knack for one person to take advantage of another. The rest you already know.

But now they've changed the rhetoric. "Hands off all property. It belongs to the people." As far as I'm concerned, doctor, this has already stopped being my house. It's like waking up from a nightmare to find yourself inside yet another. In it, I'm standing naked right in the middle of the street and I feel so ashamed that I can't open my eyes. In front of me are my parents and my husband, may they rest in peace, and my children when they were young. They are all dead, but they look at me with open eyes; so wide open that they seem the only thing alive in their faces.

It is going to be very difficult to rebuild anything over all this desolation. There are cracks in the foundation and nothing can prevent the whole thing from tumbling down sooner or later. What misguided hate, doctor! Do you know what I mean? Almost all of them were adults, still young, but adults nonetheless, with a mind set of someone well up in years. The least enthusiastic among them were the youngest ones. The real troublemakers were just a small part of the group. They instigated the rest. I suppose the fact that not everybody was real gung-ho leaves some room for hope. I was at the front of the house, like being on stage, and they wouldn't let me enter. I clutched at my keys as if they were my salvation. For a moment I was terribly frightened that I might be stoned to death like a rabid dog right in front of my very own house. And suddenly I turned to the mob, fully prepared to face death with as much dignity as anyone can muster up at such a moment. I saw faces filled with shame amidst the threatening stares. And believe me, there were eyes filled with tears in some of those looks. The first rock hit me in the chest and made me lose my balance. I got this bruise, here, when I fell down, and maybe this other abrasion, over here, as well. While sprawled on the ground, a few people started kicking me and invited the others to join in. At that moment you could hear several voices coming to my defense.

"She's a defenseless woman, for crying out loud!"
"She's a frail, old lady!"

"Wait a minute! We're supposed to be revolutionaries, not criminals!" someone dared to say. My heart did a flip-flop, doctor, but I swear it wasn't just fear. By this time most fear had left me, despite the physical pain. (That's why I say my heart has withstood every kind of test.) What I felt was joy. I don't know where those people who spoke up got the courage, but I owe them more than my life, doctor, I owe them, as well as yourself, both the will to go on living into my old age, and my faith.

No, as long as I stay in this country I'm not budging from here. Thank God I'm not ready for a nursing home yet. My health is good. What kind of shape did you expect to find me in, doctor? A little battered and bruised, I admit, especially my pride. I have a broken right elbow and these bruises that, God willing, won't send me to my grave tomorrow. I've reached the age of seventy-nine with all my mental faculties intact. All I want is to live out the rest of my years in peace, but I know it is no longer possible to do that here, and that is why I, too, have decided to leave. To tell you the truth, I don't even know if it's reasonable to think about doing that at my age, especially to go live in a foreign country. My children insist on having me come to Spain where they say I would feel right at home. Do you understand me, doctor? Maybe it's true what they say about the toad spending years under a rock without realizing it. My family maintains that there won't be another opportunity like this one. So that is why, after all that has happened, I've decided to rejoin my children as soon as possible. And here I am, waiting for the government to authorize my departure. Stop worrying, doctor, I don't quite know how to say this, but my heart is the kind they don't make anymore, and it keeps right on beating because it was made to withstand bullets and hardships.

Índice / Index

Prefacio	13
Preface	19
Algo está pasando	25
Something's Brewing	39
Ele- pe- vé	55
Fico's Flaw	69
Aquí y hoy mismo	83
How things are	97
Auto sacramental	113
Auto – Sacrifice	125
Afuera	137
Somewhere Out There	149
La sed	163
Thirst	171
Matusalén	179
Methuselah	187
Limbergh	195
Limbergh (English)	201
Recuento	207
Summoned	219

Ver al dorso ~~~~~ Over

Concentración pública	231
Public Rally	237
Nro. 8	243
Set Up	251
La respuesta	259
In Response	269
El condecorado	279
The Decorated Soldier	287
La quemada	295
The Immolation	301
Patología	307
The Affliction	317
Re-encuentro	327
Reunion	335
Repudio	343
Renouncement	349

Algo está pasando / Something's Brewing
(Edición bilingüe) — (A Bilingual Edition)
de
Rolando D. H. Morelli
se imprimió en los talleres tipográficos de
ADR Printers
Estados Unidos de América,
en la segunda quincena del mes de noviembre del año 2006

Ediciones La gota de agua
1937 Pemberton Street
☐Philadelphia, PA 19146☐
info@edicioneslagotadeagua.com

**Otros títulos recientes
de las
«Ediciones *La gota de agua*»**

Layka Froyka *El romance de cuando yo era niña*
Emilia Bernal Agüero
~autobiografía~
(Serie Andadura)

El hijo noveno
Matías Montes Huidobro
~cuentos~
(Serie Narrativa Breve)

Cuentos y relatos
José María Heredia
(Serie Andadura)

**Feminine Voices in Contemporary Afro-Cuban Poetry
Voces femeninas en la poesía afro-cubana contemporánea**
Armando González Pérez
(Serie *Perspectiva Crítica*)